Méthode de Piano Hal Leonard

Leçons de Piano

Volume 5

Auteurs
Barbara Kreader, Fred Kern, Phillip Keveren

Illustrations
Fred Bell

Traduction
Sylvie Fritsch

PRÉFACE

Au fur et à mesure de sa progression dans les quatre premiers volumes, l'élève a sans aucun doute remarqué que jouer du piano était vraiment fantastique. Le voilà arrivé au cinquième et dernier volume de la **Méthode de Piano Hal Leonard**. Il a d'excellentes connaissances du mode de fonctionnement de la musique. La lecture des notes, les tonalités, etc., toutes les bases indispensables sont acquises. De plus, il sait improviser ! Le recueil de **Leçons de Piano, Vol. 5** lui offre la possibilité d'élargir ses connaissances de la théorie de la musique et de développer son jeu à travers un grand nombre d'exercices originaux et de pièces classiques.

Évidemment on n'a pas toujours un professeur à ses côtés. L'accompagnement sur compact disc que l'on peut se procurer séparément rend le travail à la maison plus agréable. La pratique quotidienne devient plus motivante et les morceaux sonnent mieux encore.

Le recueil de **Leçons de Piano, Vol. 5** peut être accompagné du recueil de **Solos pour Piano, Vol. 5** où l'élève trouve encore plus de chansons agréables à jouer et à écouter. Pour accompagner ces solos, il existe également un compact disc vendu séparément.

S'exercer devient un vrai plaisir !

Référence : 0585-00-401 DHE

ISBN 978-90-431-1099-0
NUR 472

Copyright © 1998 by HAL LEONARD CORPORATION
International Copyright Secured   All Rights Reserved

Tous droits réservés pour tous pays. Aucune partie de ce livre ne peut être reproduite sous aucune forme :
imprimée, photocopiée, microfilmée ou par tout autre moyen sans l'autorisation de l'éditeur.

Imprimé aux Pays-Bas.

RÉCAPITULATIF DU RECUEIL DE *LEÇONS DE PIANO, Vol. 4*

LA VALEUR DES NOTES ET DES SILENCES

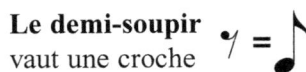
Le demi-soupir vaut une croche

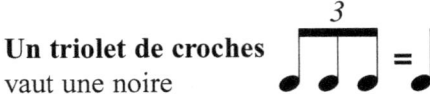
Un triolet de croches vaut une noire

INTERVALLES

La septième

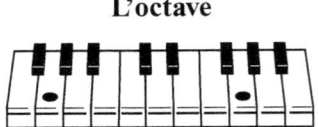
L'octave

GAMMES & ACCORDS PRIMAIRES DE TROIS SONS

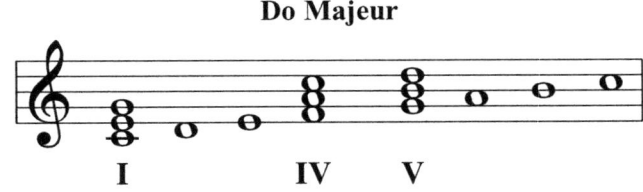
Do Majeur
I   IV   V

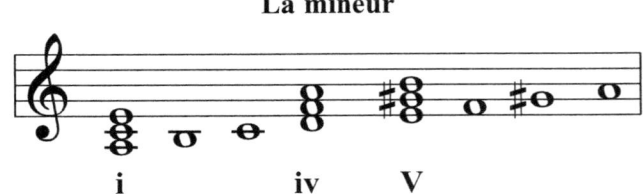
La mineur
i   iv   V

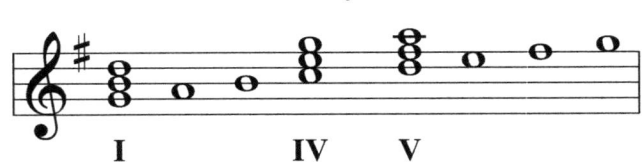
Sol Majeur
I   IV   V

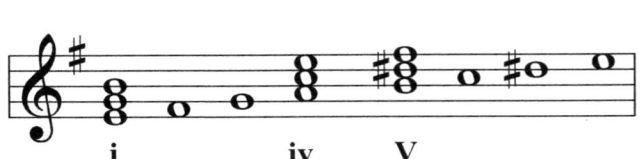
Mi mineur
i   iv   V

CHIFFRAGES DE MESURE

 Il y a 3 temps par mesure
La croche est l'unité de temps

Le "C" 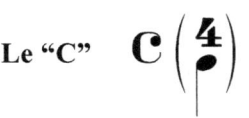 est une autre façon de désigner une mesure à 4/4
Il y a 4 temps par mesure

Il y a 6 croches (= deux ♩.) par mesure
La noire pointée est l'unité de temps

Le "C Barré"  Il y a 2 temps par mesure
La blanche est l'unité de temps

TERMES MUSICAUX

Les altérations accidentelles – ♯, ♭ et ♮ que l'on rencontre dans un morceau et qui ne font pas partie de l'armure

allegretto – mouvement rapide mais un peu moins vif que l'*allegro*

con moto – signifie "avec mouvement"

diminuendo (dim.) – diminuer le son progressivement

dominante – 5ème degré d'une gamme (V)

étude – pièce instrumentale qui permet de travailler un aspect particulier de la technique d'un instrument

giocoso – signifie "joyeux"

moderato – mouvement modéré

poco – signifie "un peu"

presto – mouvement très rapide

sous-dominante – 4ème degré d'une gamme (IV)

tenuto – la durée intégrale de la valeur de la note doit être respectée

tonique – 1er degré d'une gamme (I)

vivace – mouvement vif

SOMMAIRE

LES TONALITÉS DE FA MAJEUR & RÉ MINEUR

CHAPITRE 1   DÉCOUVRIR LES GAMMES

*✓

___	Le moulin à vent	4
___	L'ours	5
___	Arabesque	6
___	Monter et descendre . . . *Les gammes de Fa Majeur et Ré mineur*	8
___	Ma chanson . . . *Improviser avec des motifs et des séquences*	10
___	Drôle d'histoire	11
___	Wade In The Water	12
___	Petit cadeau	13
___	Innocence	14
___	En mineur	15

CHAPITRE 2   LES ACCORDS

___	Le méchant dans les dessins animés . . . *La nature d'un accord*	16
___	La montée . . . *Accords primaires et secondaires*	17
___	Les applaudissements	18
___	Le clown . . . *Accords de trois sons en position ouverte dans la tonalité de Fa Majeur*	20

LES TONALITÉS DE RÉ MAJEUR & SI MINEUR

CHAPITRE 3   DÉCOUVRIR LES GAMMES

___	Monter et descendre . . . *Les gammes de Ré Majeur et Si mineur*	22
___	Ma chanson . . . *Improviser en utilisant le principe des questions et des réponses*	24
___	Promesse murmurée	25
___	Les Coucous Bénévoles	26
___	Splendeur du mineur	27
___	Fantasia	28
___	Scherzino	29

CHAPITRE 4   LES ACCORDS

___	Jeu de balle . . . *Premier renversement d'un accord de trois sons*	30
___	Michael, Row The Boat Ashore . . . *Deuxième renversement d'un accord de trois sons*	31
___	Romance en Si mineur	32
___	Bethena	34

LES TONALITÉS DE SI♭ MAJEUR & SOL MINEUR

CHAPITRE 5   DÉCOUVRIR LES GAMMES

___	Monter et descendre . . . *Les gammes de Si♭ Majeur et Sol mineur*	36
___	Ma chanson . . . *Improviser avec la forme A B A*	38
___	Allegro	39
___	Menuet en Sol mineur	40
___	Le retour de l'inspecteur Duchien . . . *La gamme chromatique*	42
___	Prélude	43

CHAPITRE 6

___	Danse tzigane	44
___	Tout le monde a le blues	46
___	Allemande	47
___	Canon en Ré Majeur	48
___	Lexique ; Quelques grands maîtres de la musique	51
___	Gammes et Cadences . . . *Do Maj., Sol Maj., Fa Maj., Ré Maj., Si♭ Maj., La m, Mi m, Ré m, Si m, Sol m*	52
___	Accords des tonalités Majeures . . . *État fondamental, premier et deuxième renversements ; position ouverte*	54

* *Pour suivre sa progression, l'élève peut cocher les morceaux déjà joués.*

CHAPITRE 1

Le moulin à vent

L'accompagnement est également disponible sur un compact disc que l'on peut se procurer séparément.

Avec mélancolie (♩. = 86)

Phillip Keveren

* *molto* signifie "beaucoup" (*molto rit.* signifie qu'il faut beaucoup ralentir)

L'ours

Vladimir Rebikov
(1866-1920)

* *pesante* signifie "lourd", "pesant"

LES DOUBLES-CROCHES

Quatre doubles-croches
valent une noire

Frappe le rythme et compte les temps :

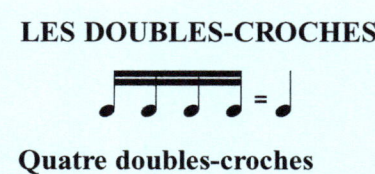

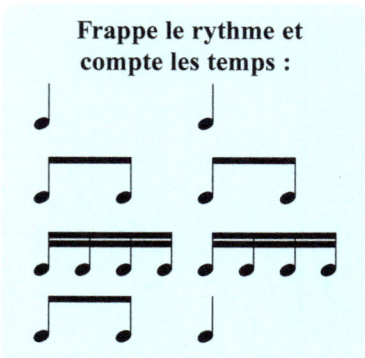

Arabesque

Fredrich Burgmüller
(1806-1874)
Op. 100

Allegro scherzando* (♩=110) 5/6

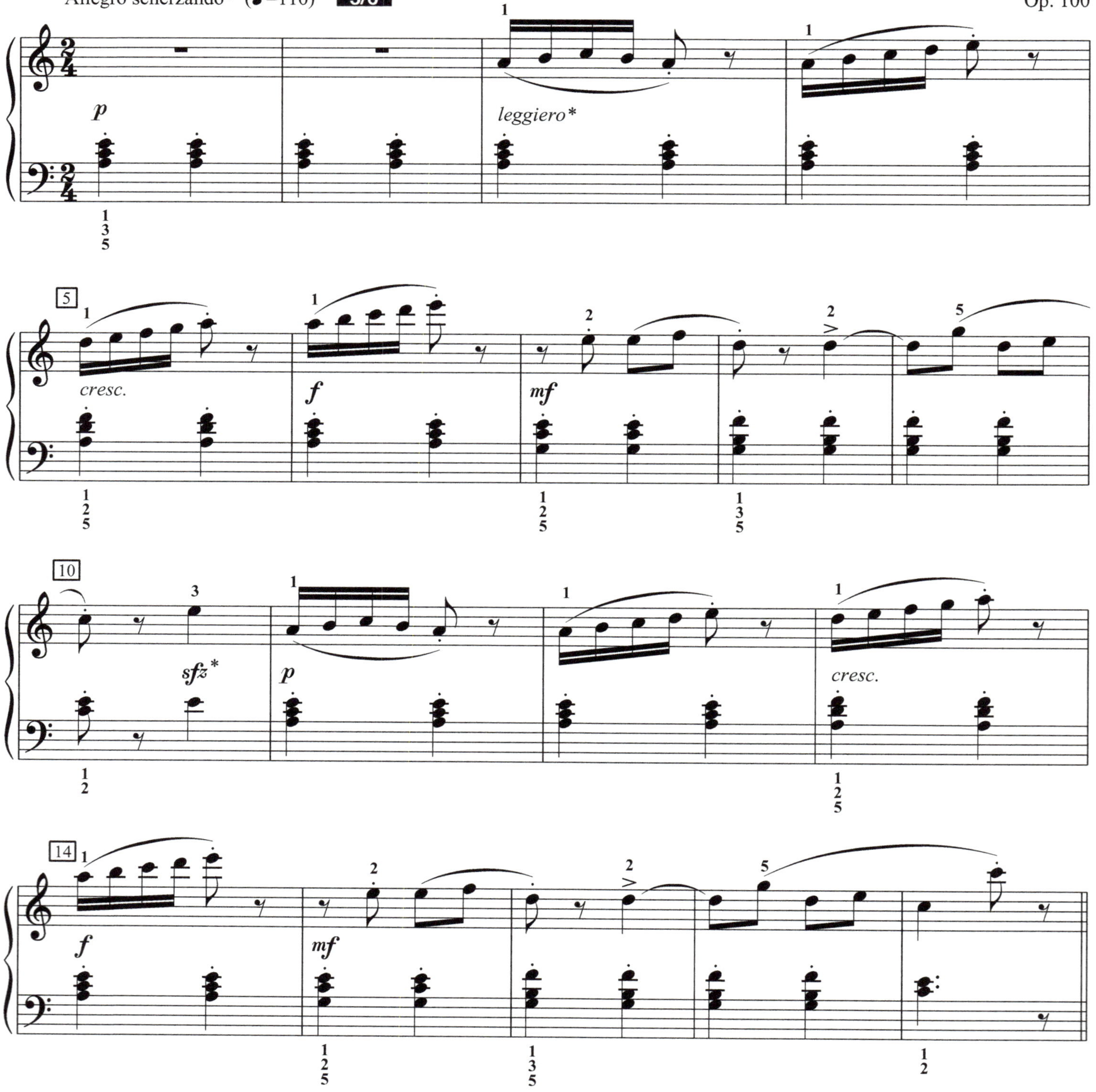

* *scherzando* signifie "en badinant" * *leggiero* signifie "léger" * ***sfz*** *sforzando* indique qu'il faut renforcer le son sur une note.

LA GAMME DE FA MAJEUR

En **Fa Majeur,** les accords primaires sont :

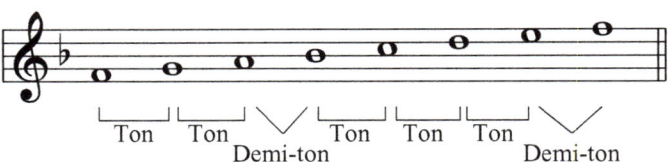

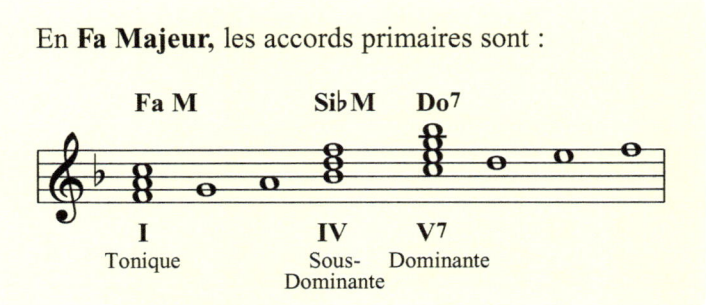

Monter et descendre

Tonalité : Fa Majeur
Armure : *1 bémol (Si♭)*

Accompagnement (l'élève joue une octave plus haut.) 7/8

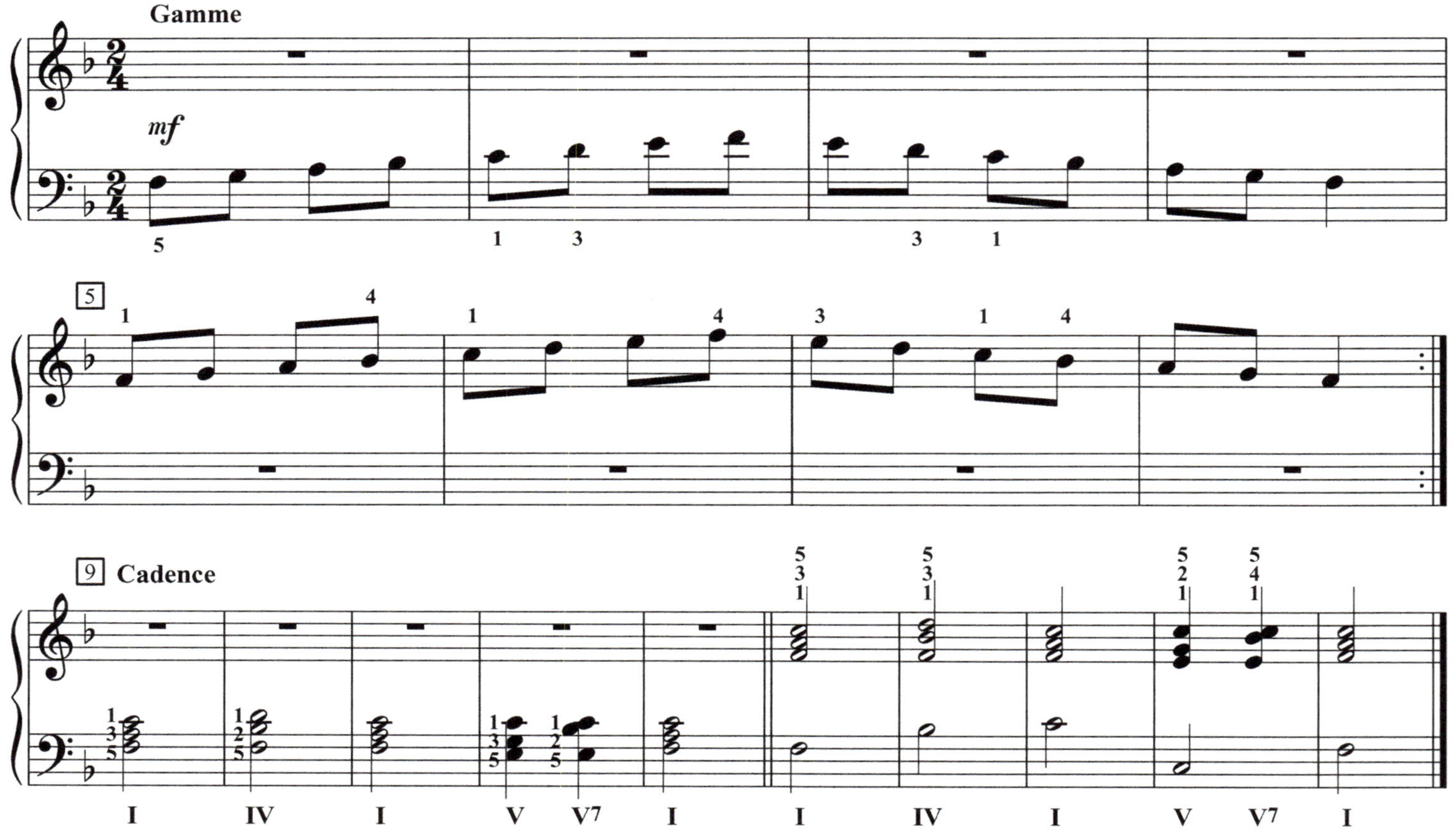

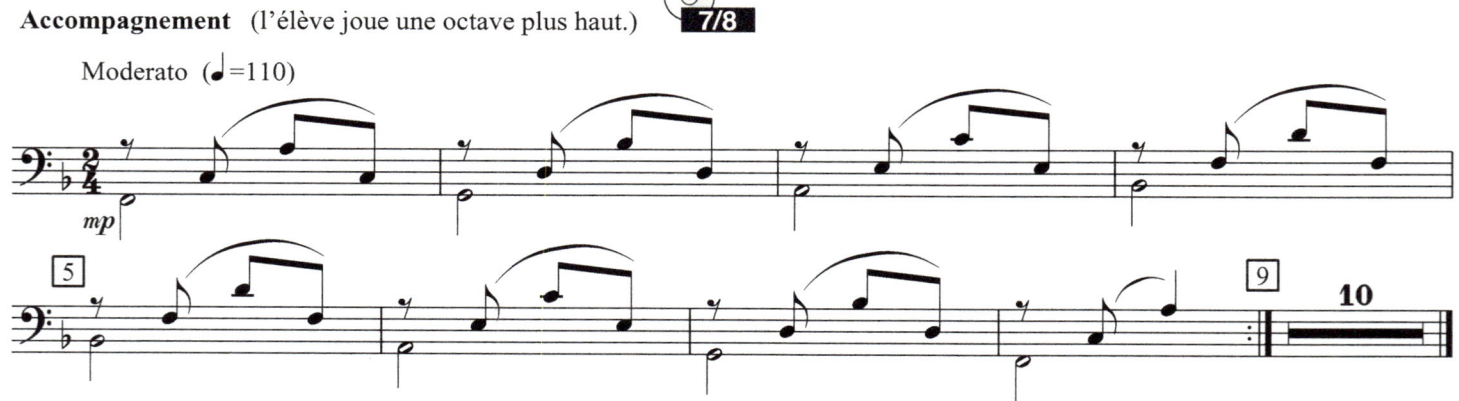

Exercice supplémentaire
Reporte-toi à la page 52 et joue les gammes et les cadences de **Do Majeur** et de **Sol Majeur**.

LA GAMME DE RÉ MINEUR
Gamme mineure naturelle

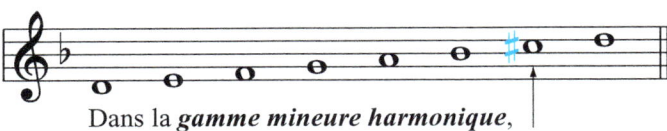

Dans la *gamme mineure harmonique*,
le septième degré est haussé d'un demi-ton (Do♯).

En **Ré mineur**, les accords primaires sont :

Monter et descendre

Tonalité : Ré mineur
Armure : *1 bémol (Si♭)*

Dans un premier temps, travaille la *gamme mineure naturelle* avec le Si♭ seulement.
À la reprise, joue la *gamme mineure harmonique* avec le 7ème degré haussé d'un demi-ton (Do♯).

Accompagnement (l'élève joue deux octaves plus haut.) 9/10

À la reprise, jouez la gamme mineure harmonique avec le 7ème degré haussé d'un demi-ton (Do♯).

Exercice supplémentaire
Reporte-toi à la page 53 et joue les gammes et les cadences de **La mineur** et de **Mi mineur.**

Ma chanson
en Fa Majeur & Ré mineur
Improviser avec des motifs et des séquences

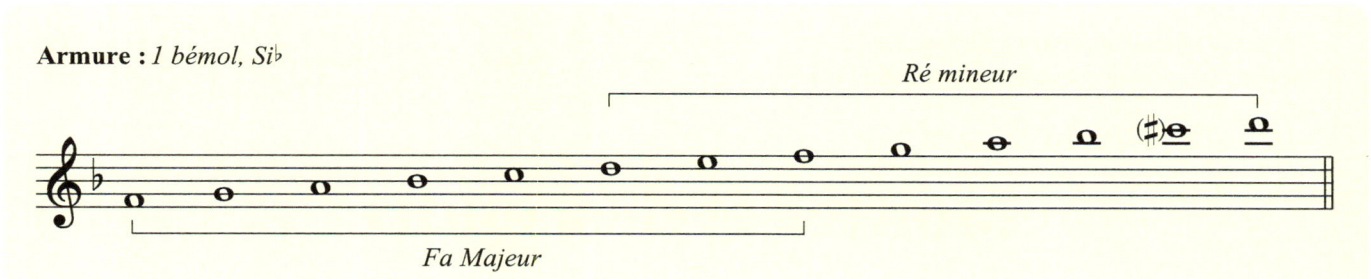

MOTIF
Un **motif** est un schéma de notes court qui se répète tout au long de la pièce.

SÉQUENCE
On appelle **séquence** la répétition d'un même schéma de notes (motif) sur différentes hauteurs de son.

Improvise en utilisant des **motifs** et des **séquences**.
1. Joue le **motif** d'une mesure donné ci-dessous.
   Improvise plusieurs **séquences** de ce motif en te servant des notes de la gamme de Fa Majeur.

2. Joue le **motif** d'une mesure donné ci-dessous.
   Improvise plusieurs **séquences** de ce motif en te servant des notes de la gamme de Ré mineur harmonique.

Exercice supplémentaire
À l'écoute de l'accompagnement en Fa Majeur, crée ton propre motif et improvise plusieurs séquences. Refais l'exercice en Ré mineur.

LE QUART DE SOUPIR

𝄿

Un **quart de soupir** remplace une double-croche.

Frappe le rythme et compte :

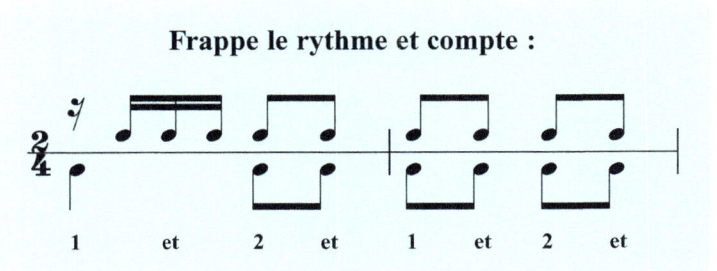

Drôle d'histoire

Enjoué, gai (♩=94) 13/14

Phillip Keveren

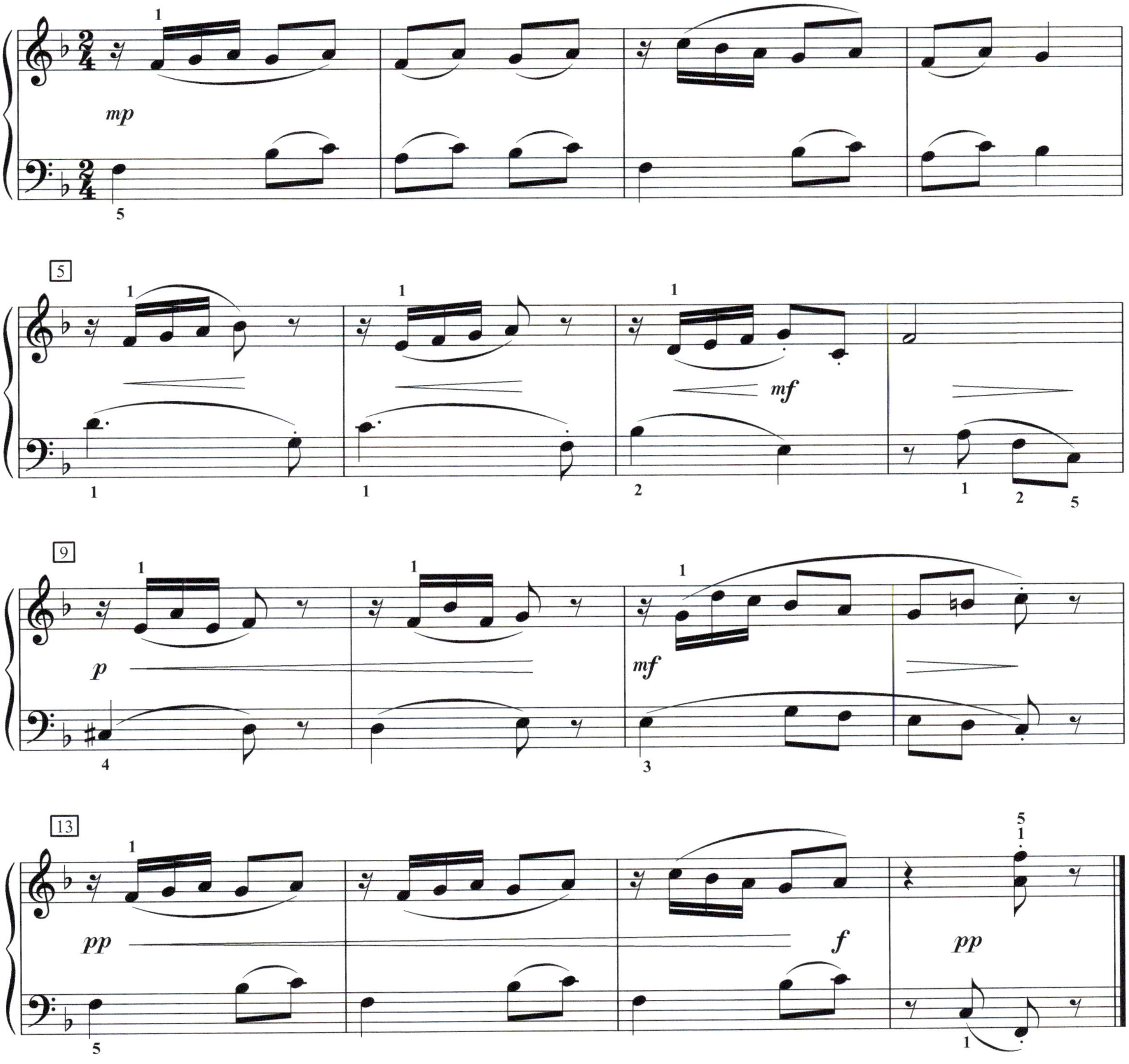

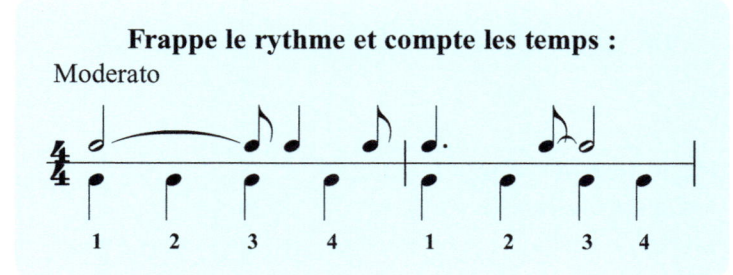

Frappe le rythme et compte les temps :

Moderato

Wade In The Water

Moderato (♩=140) 15/16

Spiritual
Arrangé par Fred Kern

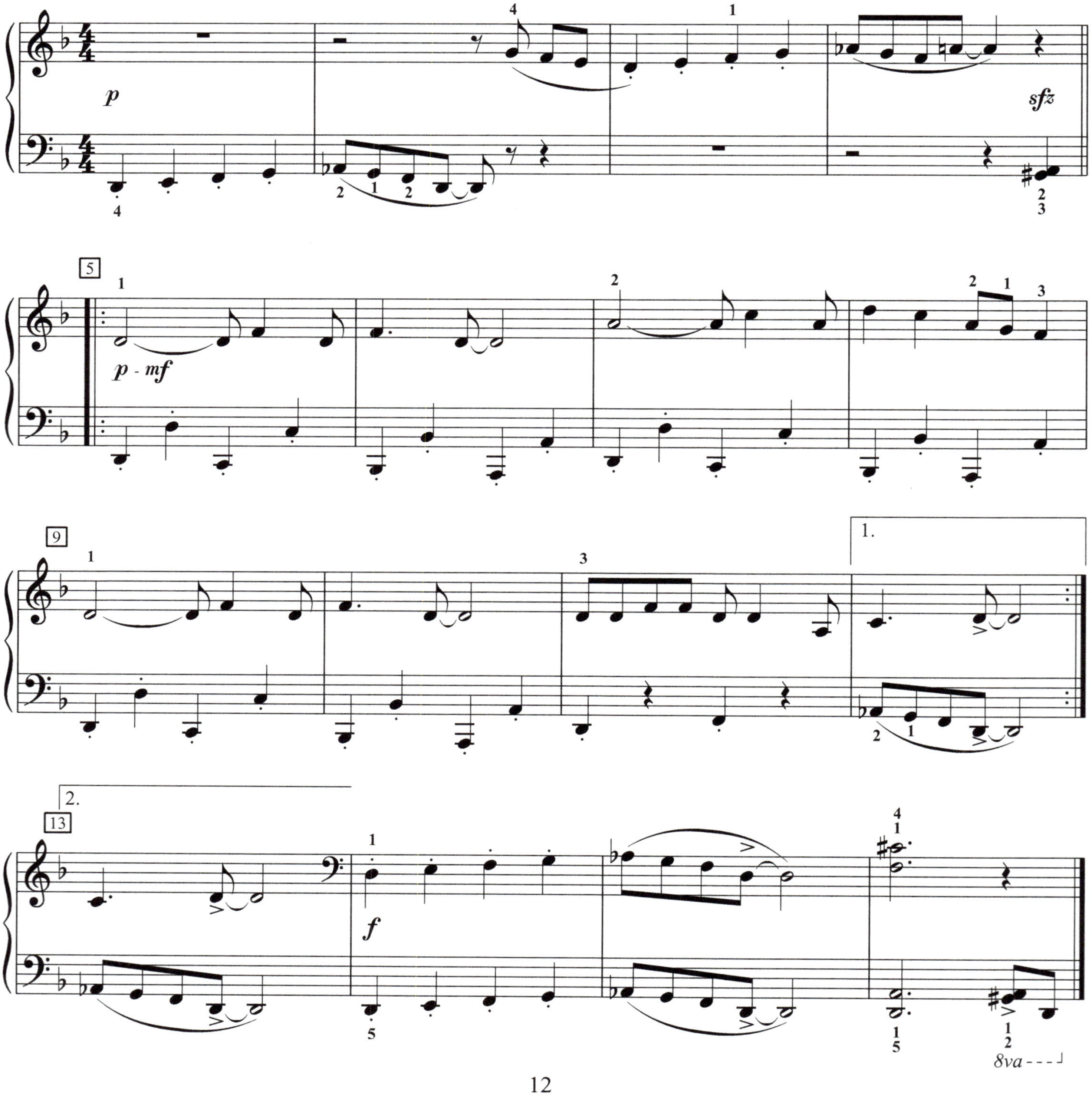

MOTIFS DE DOUBLES-CROCHES

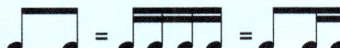

Frappe le rythme et compte les temps :

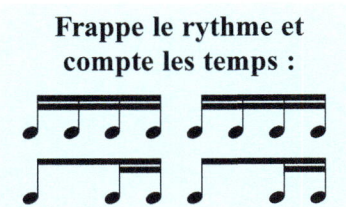

Petit cadeau

Fluide (♪=104) 17/18

Mélodie américaine
Arrangé par Barbara Kreader

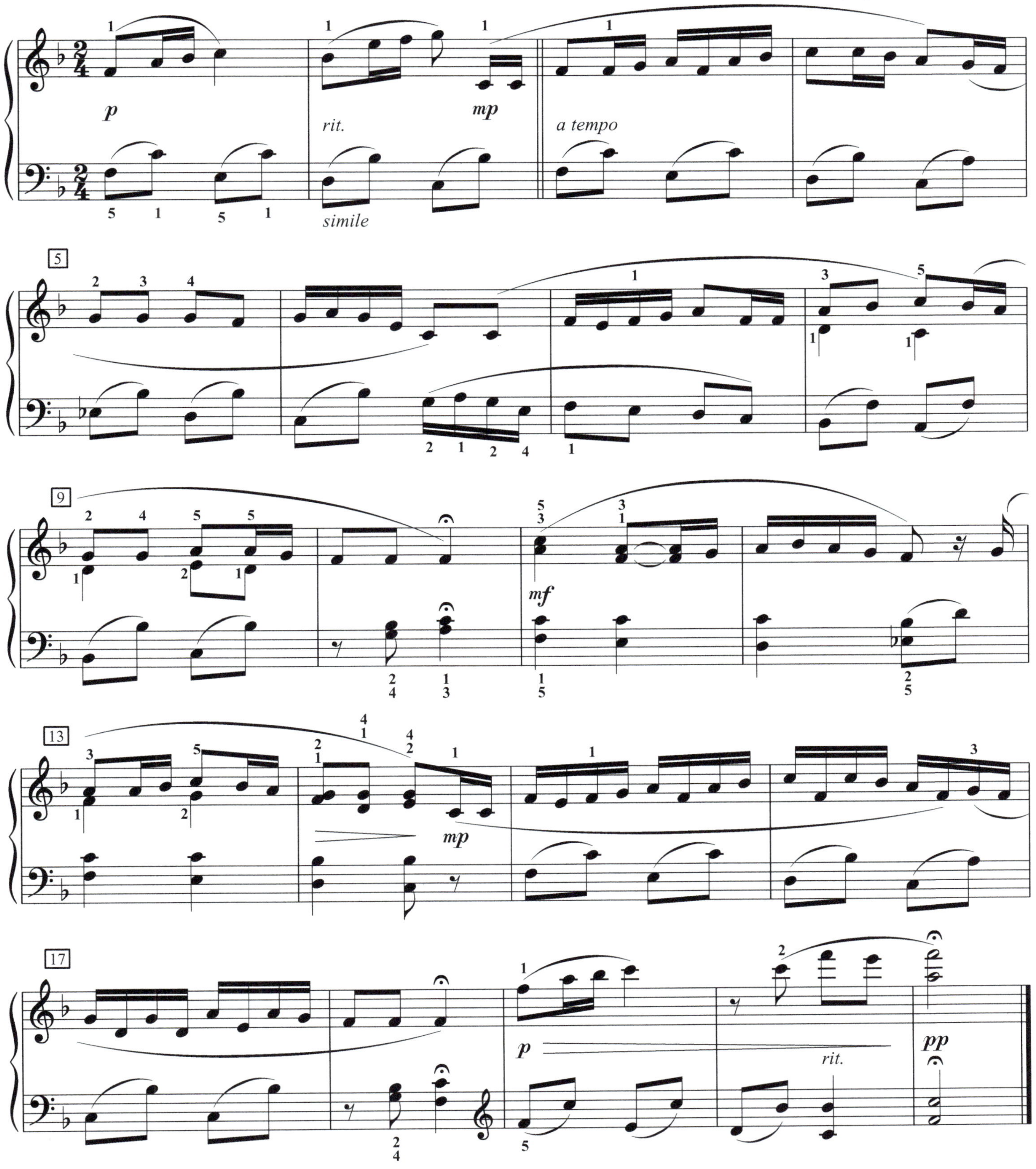

Innocence

grazioso signifie "gracieux"

En mineur

CHAPITRE 2

LA NATURE D'UN ACCORD

Il y a quatre types d'accords de trois sons :

| Majeur | Augmenté | mineur | Diminué |
| Do | Do aug. | Do m | Do dim. |

Accord Majeur dont on augmente la quinte d'un demi-ton.

Accord Majeur dont on abaisse la tierce d'un demi-ton.

Accord Majeur dont on abaisse la quinte et la tierce d'un demi-ton.

Le méchant dans les dessins animés

Lentement (♩=88) 23/24

Phillip Keveren

Rapide (♩=180)
(M.G. & M.D. 8va à la reprise)

* accel. (accelerando) – accélérer

Exercice supplémentaire
Transpose le morceau ci-dessus en **Sol Majeur** puis en **Fa Majeur.**

LES ACCORDS D'UNE TONALITÉ

ACCORD PRIMAIRES

Les accords de trois sons construits sur les premier, quatrième et cinquième degrés de la gamme majeure sont appelés des **accords primaires**.

Dans une tonalité majeure, les accords primaires sont des accords **majeurs**. Pour les désigner, on utilise les chiffres romains en *majuscules* : **I-IV-V**.

ACCORDS SECONDAIRES

Les accords de trois sons construits sur les deuxième, troisième et sixième degrés de la gamme majeure sont appelés des **accords secondaires**.

Dans une tonalité majeure, les accords secondaires sont des accords **mineurs**. Pour les désigner, on utilise les chiffres romains en *minuscules* : **ii-iii-vi**.

La montée

L'accord construit sur le septième degré de la gamme majeure est un accord diminué (**vii dim.**).

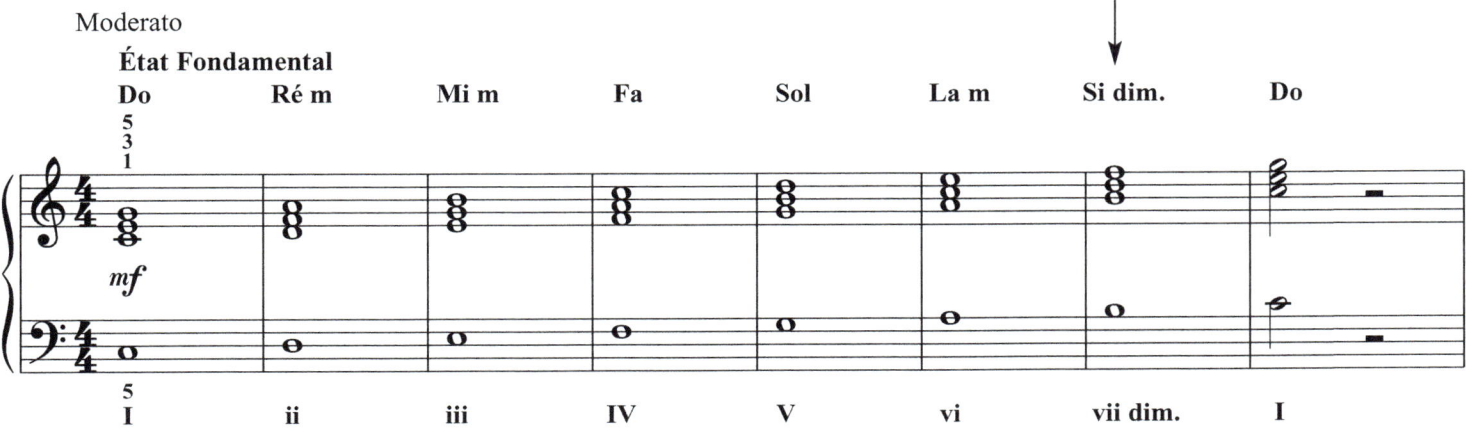

Position ouverte – une ou plusieurs notes de l'accord se placent à l'octave supérieure ou inférieure.
Dans ces accords en position ouverte, la tierce est à l'octave supérieure.

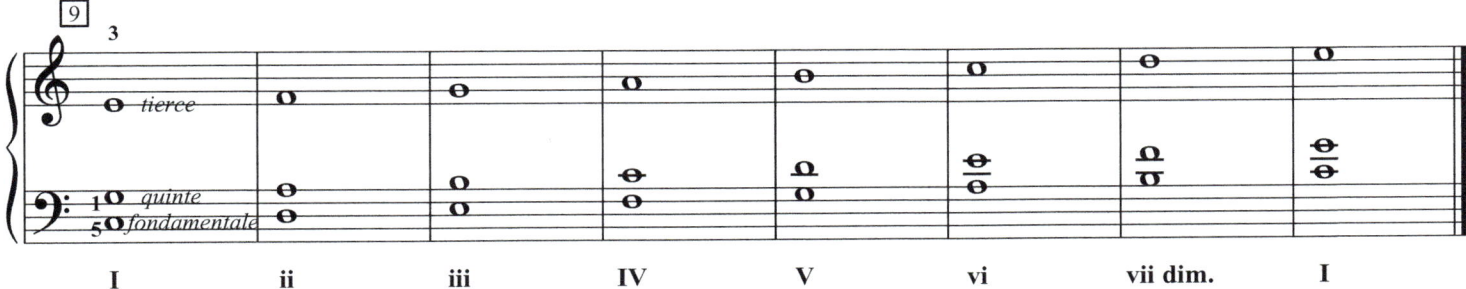

Accompagnement 25/26

Exercice supplémentaire
Pour apprendre à jouer des accords à l'état fondamental et en position ouverte dans les tonalités de **Sol Majeur** et **Fa Majeur**, reporte-toi aux pages 54-55.

Les applaudissements

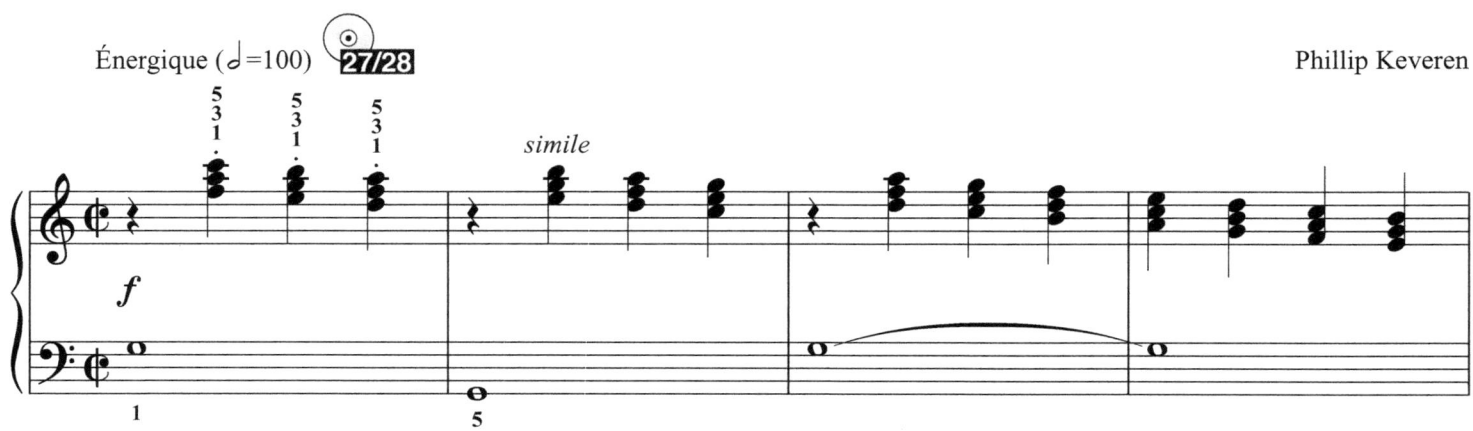

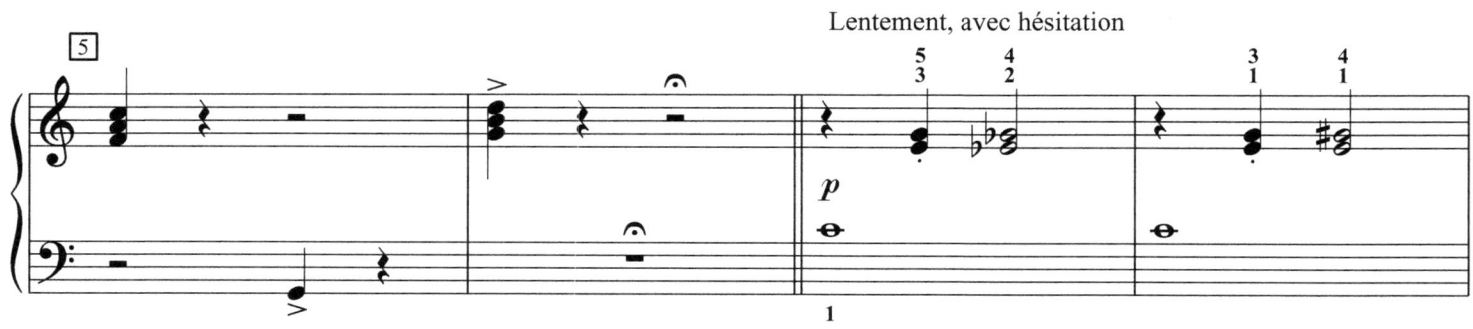

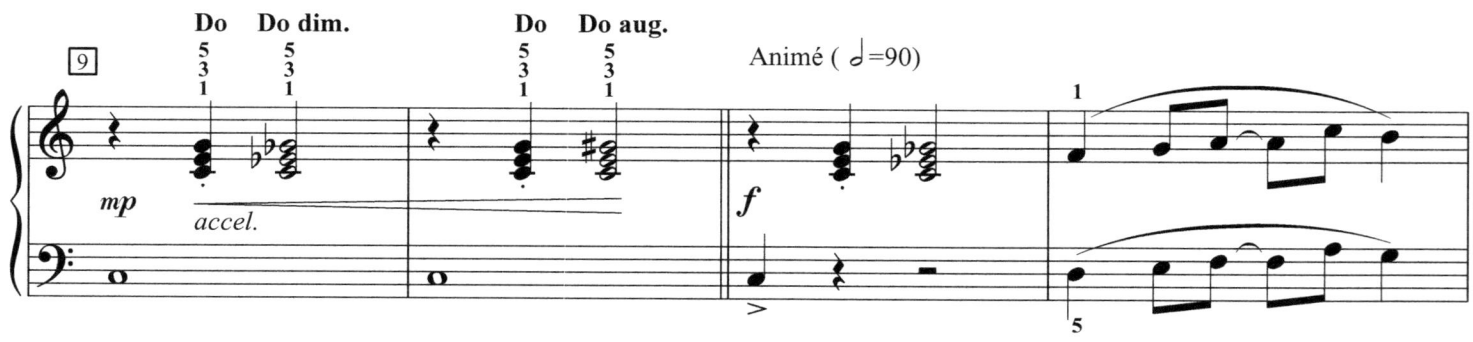

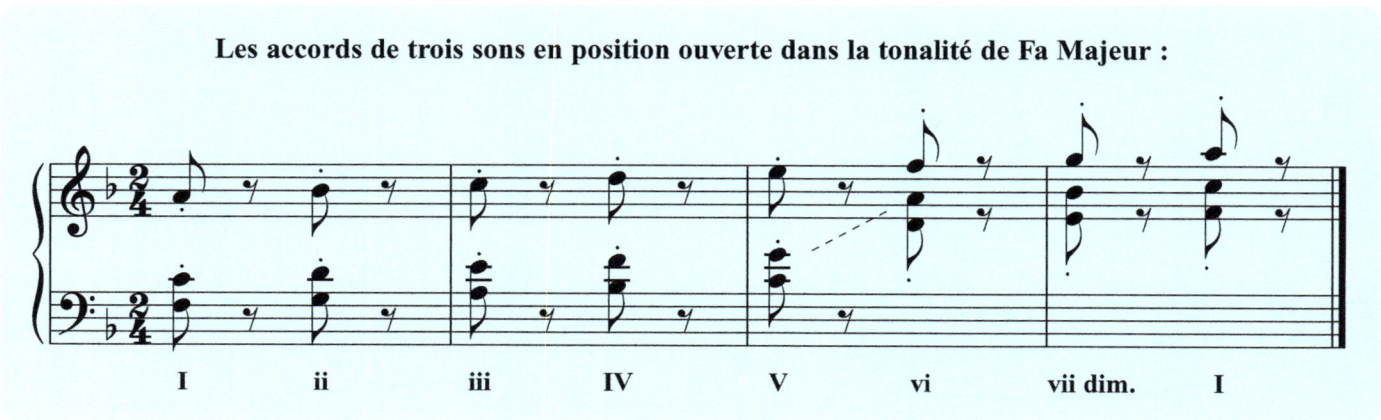

Les accords de trois sons en position ouverte dans la tonalité de Fa Majeur :

Le clown

Allegretto (♩=96) 29/30

Vladimir Rebikov
(1866-1920)

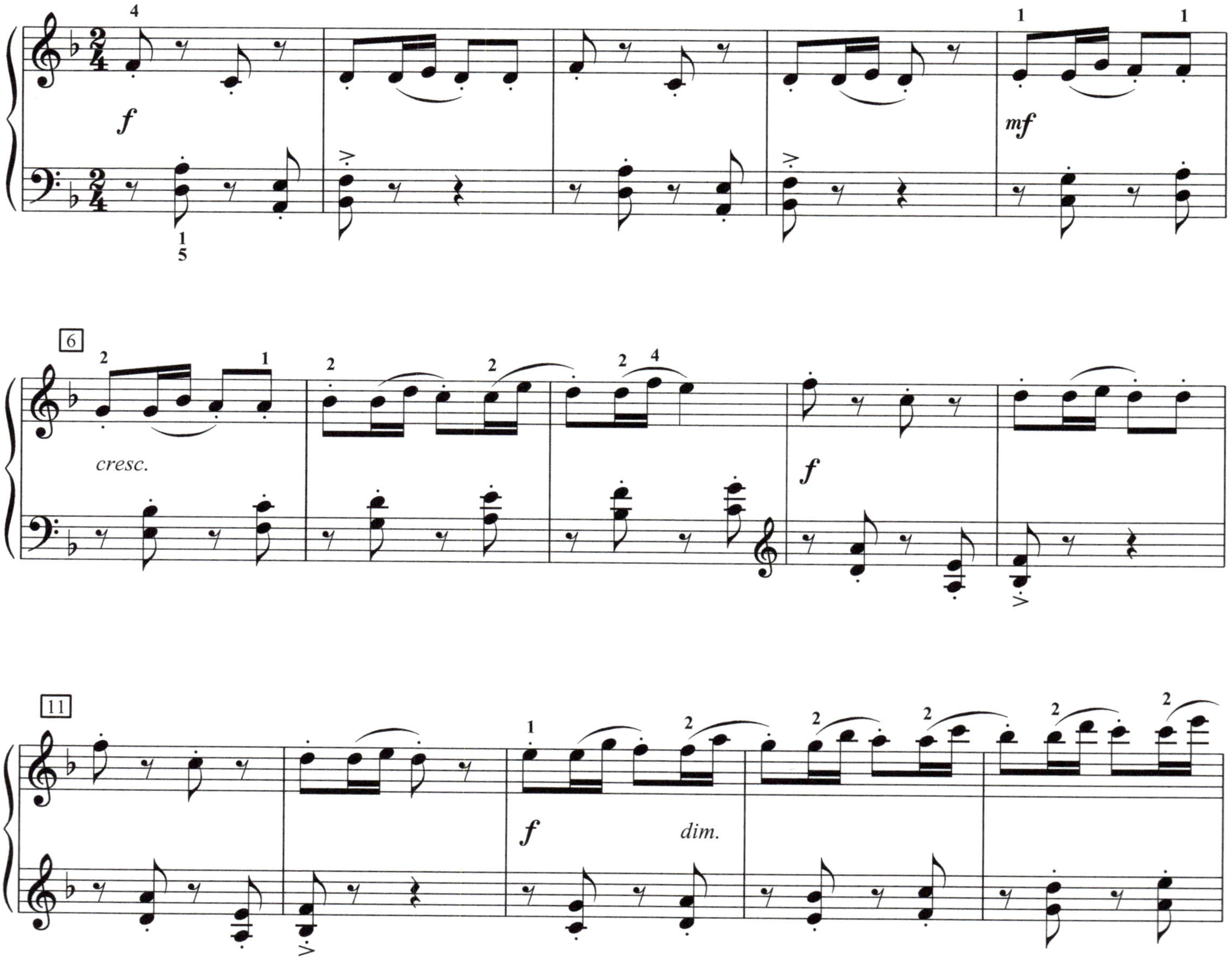

CHAPITRE 3

LA GAMME DE RÉ MAJEUR

En **Ré Majeur,** les accords primaires sont :

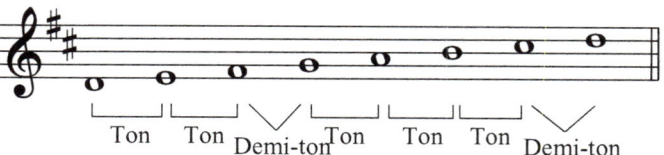

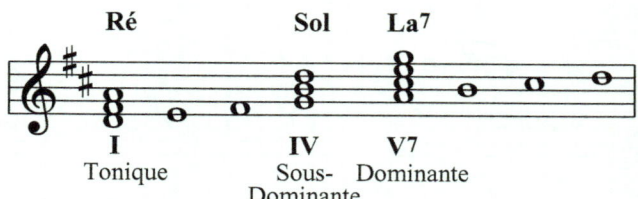

Monter et descendre

Tonalité : Ré Majeur
Armure : *2 dièses (Fa♯, Do♯)*

Moderato

Accompagnement (l'élève joue deux octaves plus haut.) 31/32

Moderato (♩=110)

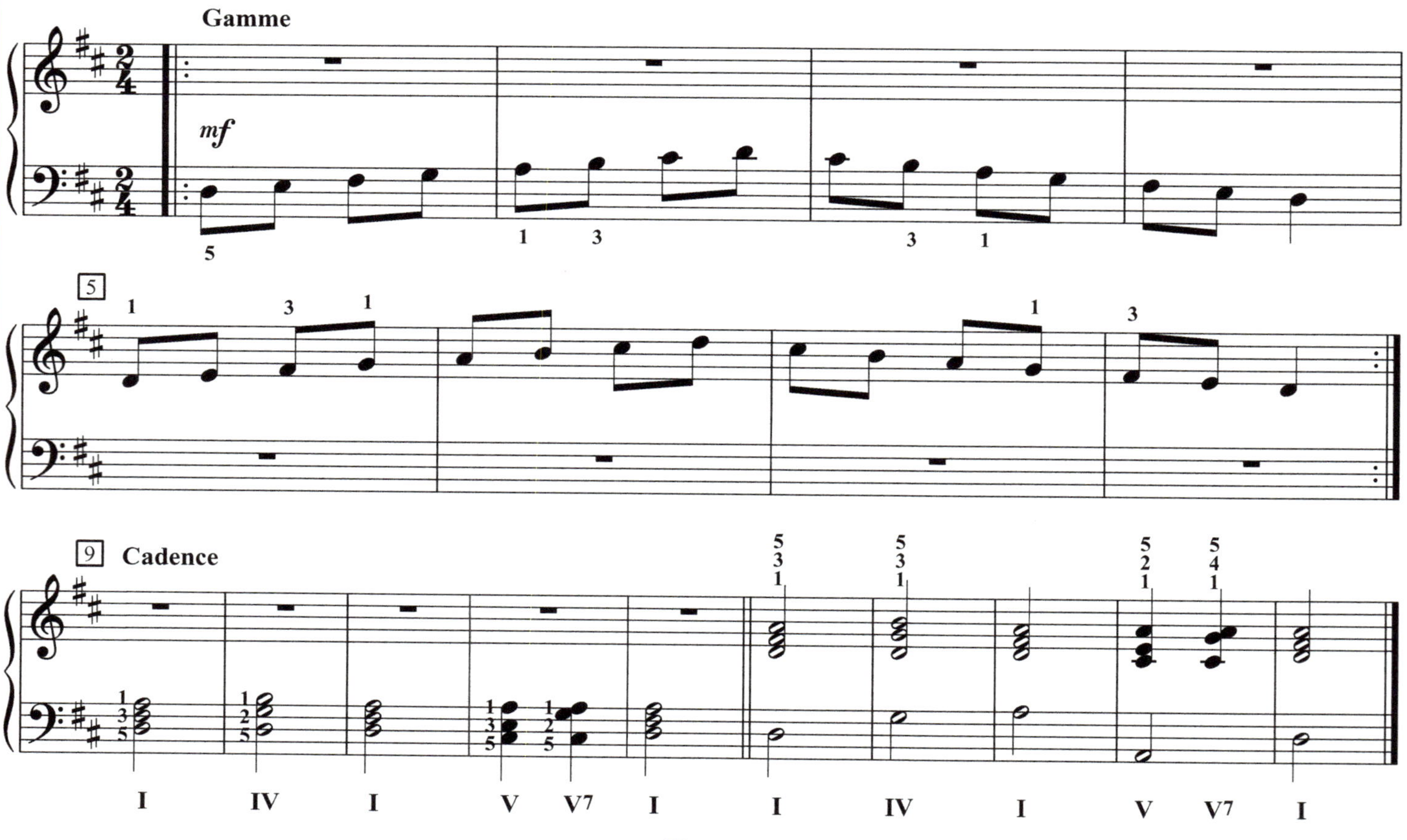

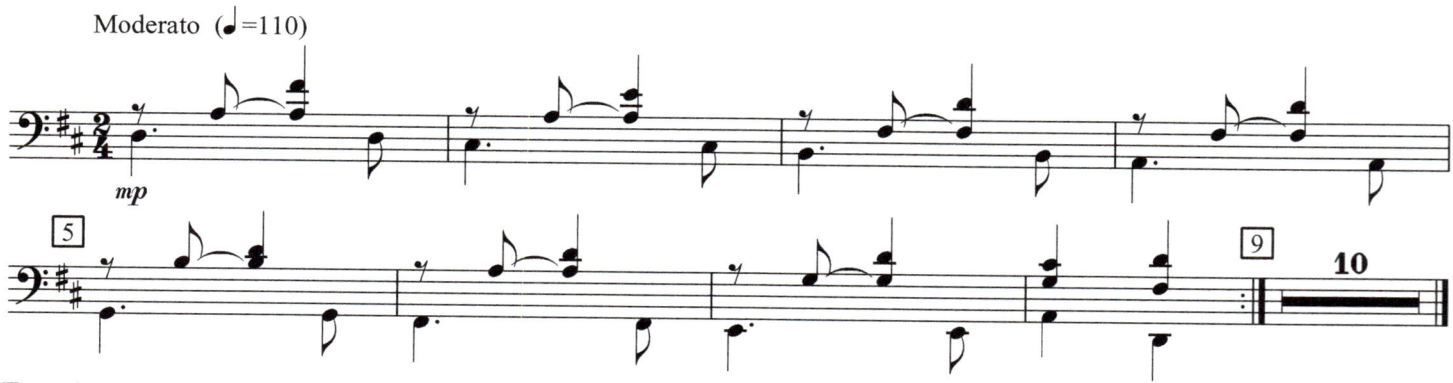

Exercice supplémentaire
Reporte-toi à la page 52 et joue la gamme et la cadence de **Fa Majeur.**

LA GAMME DE SI MINEUR
Gamme mineure naturelle

Dans la *gamme mineure harmonique,* le septième degré est haussé d'un demi-ton (La♯).

Les accords primaires de la tonalité de **Si mineur** sont :

Monter et descendre

Tonalité : Si mineur
Armure : *2 dièses (Fa♯, Do♯)*

Dans un premier temps, travaille la *gamme mineure naturelle* avec le Fa♯ et le Do♯ seulement.
À la reprise, joue la *gamme mineure harmonique* avec le 7ème degré haussé d'un demi-ton (La♯).

Accompagnement (l'élève joue deux octaves plus haut.) 🔴 **33/34**

Dans un premier temps, jouez la gamme mineure naturelle avec le Fa♯ et le Do♯ seulement. À la reprise, jouez la gamme mineure harmonique avec le 7ème degré haussé d'un demi-ton (La♯).

Exercice supplémentaire
Reporte-toi à la page 53 et joue la gamme et la cadence de **Ré mineur.**

Ma chanson en Ré Majeur & Si mineur

Improviser en utilisant le principe des questions et des réponses

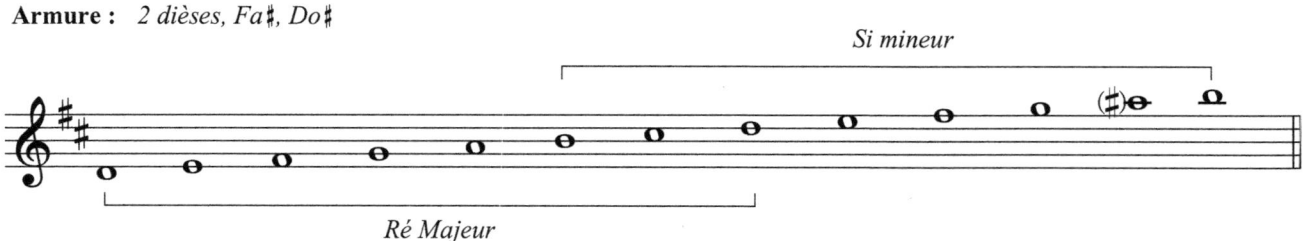

Improvise en utilisant le principe des **questions** et des **réponses**.

1. Joue la **question** de deux mesures donnée ci-dessous. Improvise plusieurs **réponses** en te servant des notes de la gamme de Ré Majeur.

   Quelques suggestions :
   - Reprends la question note par note (*réponse parallèle*)
   - Débute la phrase avec la même cellule mélodique et modifie la fin (*réponse contrastante*)
   - Crée une phrase complètement différente (*réponse libre*)

1. Joue la **question** de deux mesures donné ci-dessous.
   Improvise plusieurs **réponses** en te servant des notes de la gamme de Si mineur harmonique.

Exercice supplémentaire

À l'écoute de l'accompagnement écrit dans la tonalité de Ré Majeur, crée ta propre question et improvise plusieurs réponses. Puis fais de même dans la tonalité de Si mineur.

MOTIF EN CROCHE POINTÉE-DOUBLE

Frappe le rythme et compte les temps :

Promesse murmurée

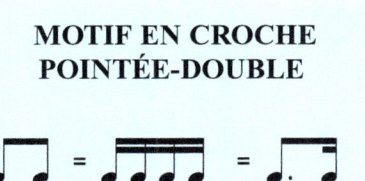

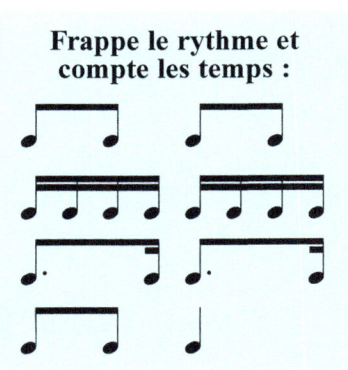

Lentement, avec tendresse (♩=76) 37/38

Phillip Keveren

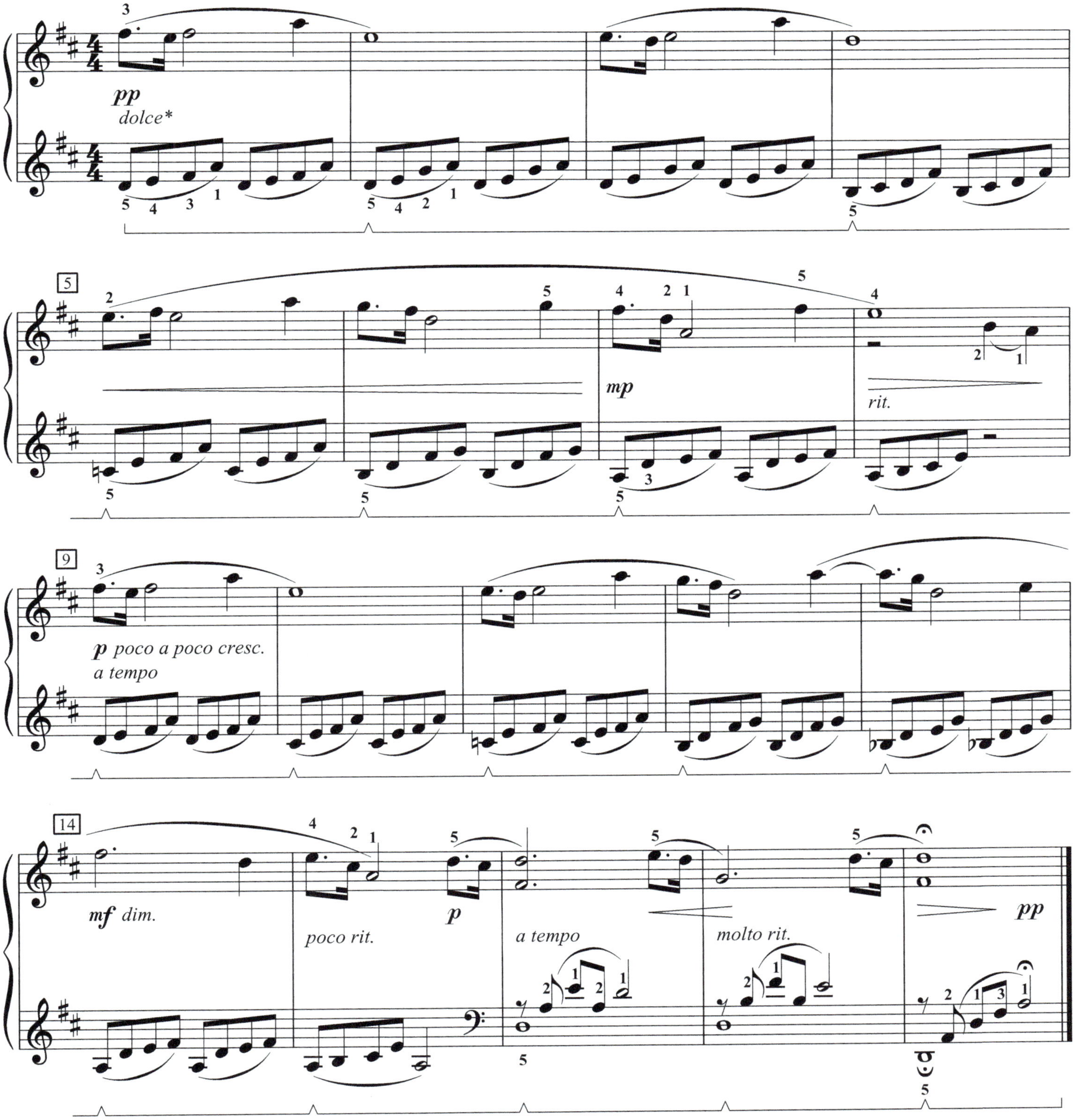

* *dolce* – doux

Les Coucous Bénévoles

François Couperin
(1626-1661)

L'APPOGGIATURE

L'appoggiature est une note d'agrément jouée rapidement avant la note principale devant laquelle elle est placée.

Splendeur du mineur

Lentement, majestueusement (♩=90) 41/42

Bill Boyd

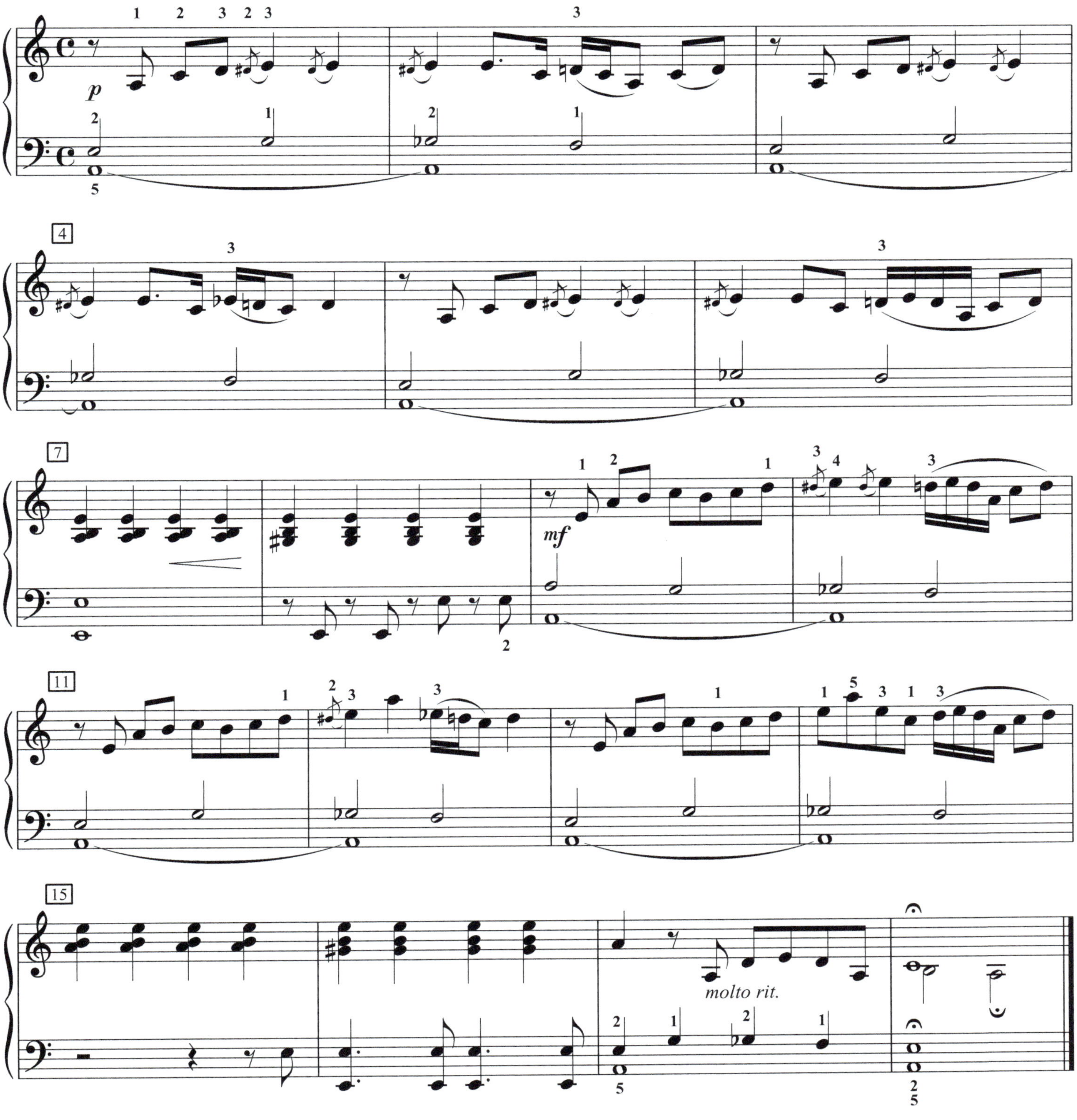

MOTIFS EN DOUBLES-CROCHES

Frappe le rythme et compte les temps :

Fantasia

Georg Philip Telemann
(1681-1767)

Vivace (♩=100) 43/44

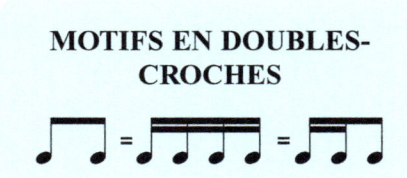

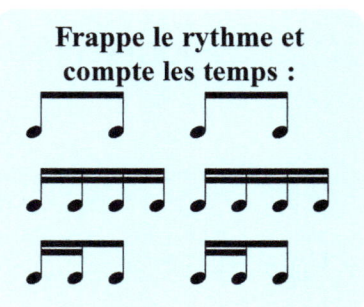

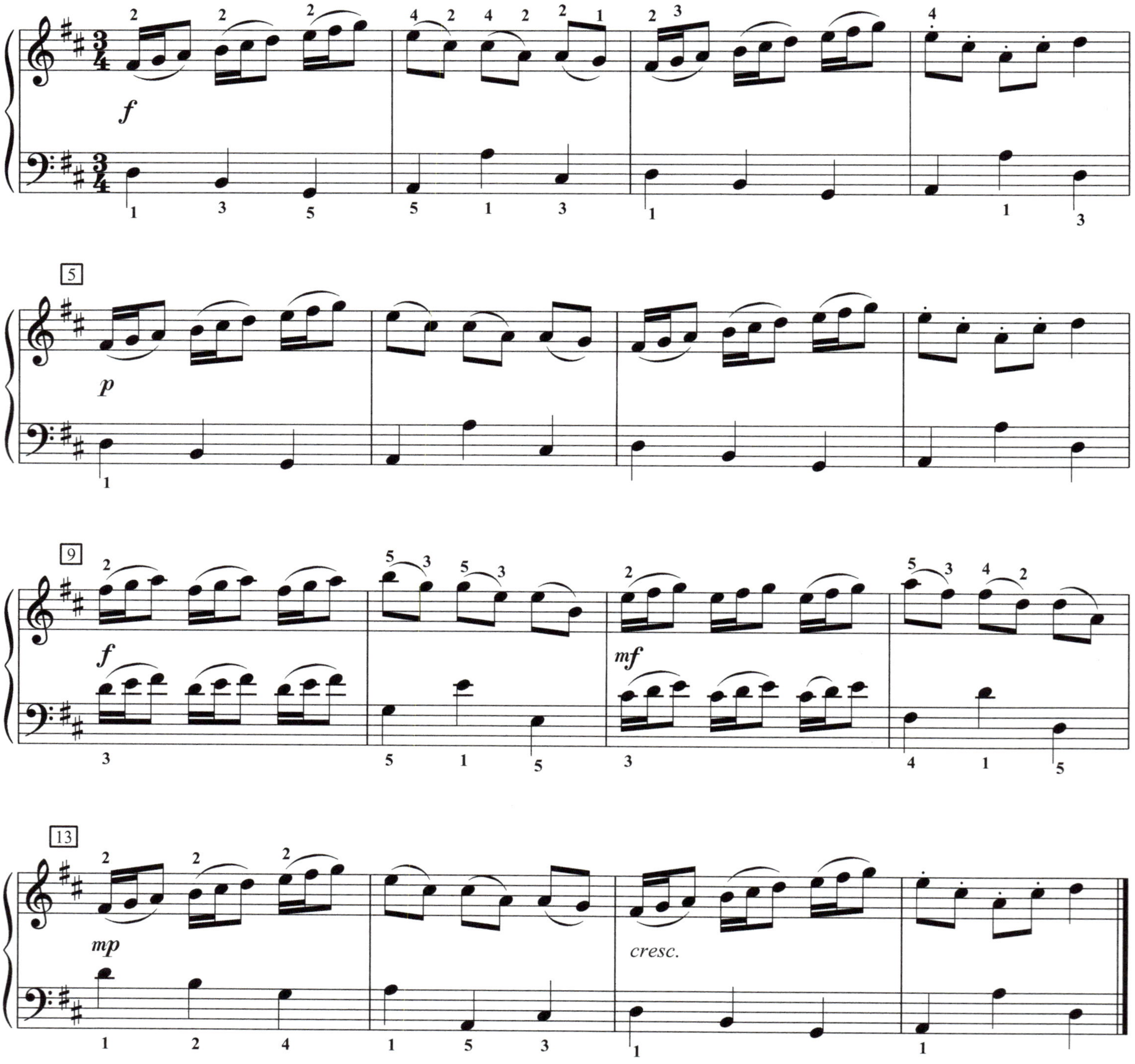

Scherzino

Samuel Maykapar
(1867-1938)

M.G. par-dessus

* *leggierissimo* signifie "très léger"   ***ppp*** – extrêmement doux

LES RENVERSEMENTS

État fondamental, premier et deuxième renversements

Un accord de trois sons peut se présenter sous trois formes différentes :

La **basse chiffrée** est un code chiffré permettant d'identifier l'accord de trois sons et ses renversements. On utilise les chiffres romains pour indiquer la note fondamentale et les chiffres arabes pour indiquer la nature de chaque intervalle à partir de la note la plus grave.

État fondamental
La *note fondamentale* est la note la plus grave de l'accord

Premier renversement
La *tierce* est la note la plus grave de l'accord

Deuxième renversement
La *quinte* est la note la plus grave de l'accord

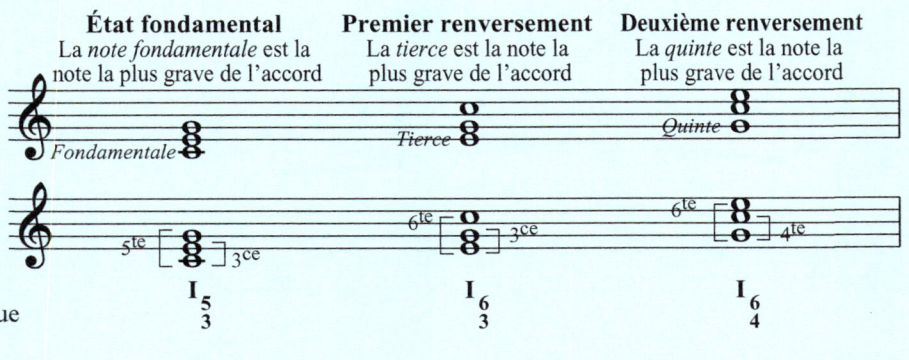

Premiers renversements des accords de la tonalité de Do Majeur

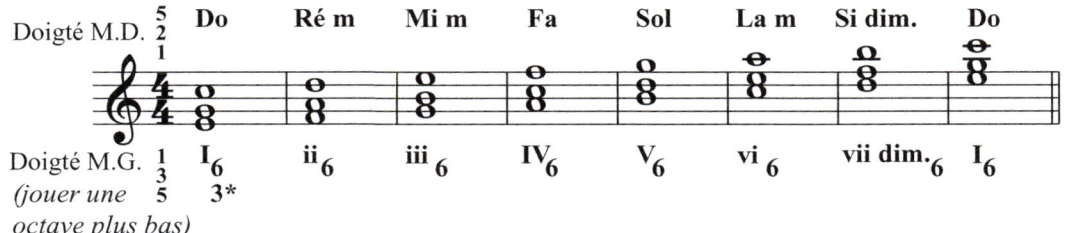

Jeu de balle

Tempo de "dribble" (♩=170) 47/48

Phillip Keveren

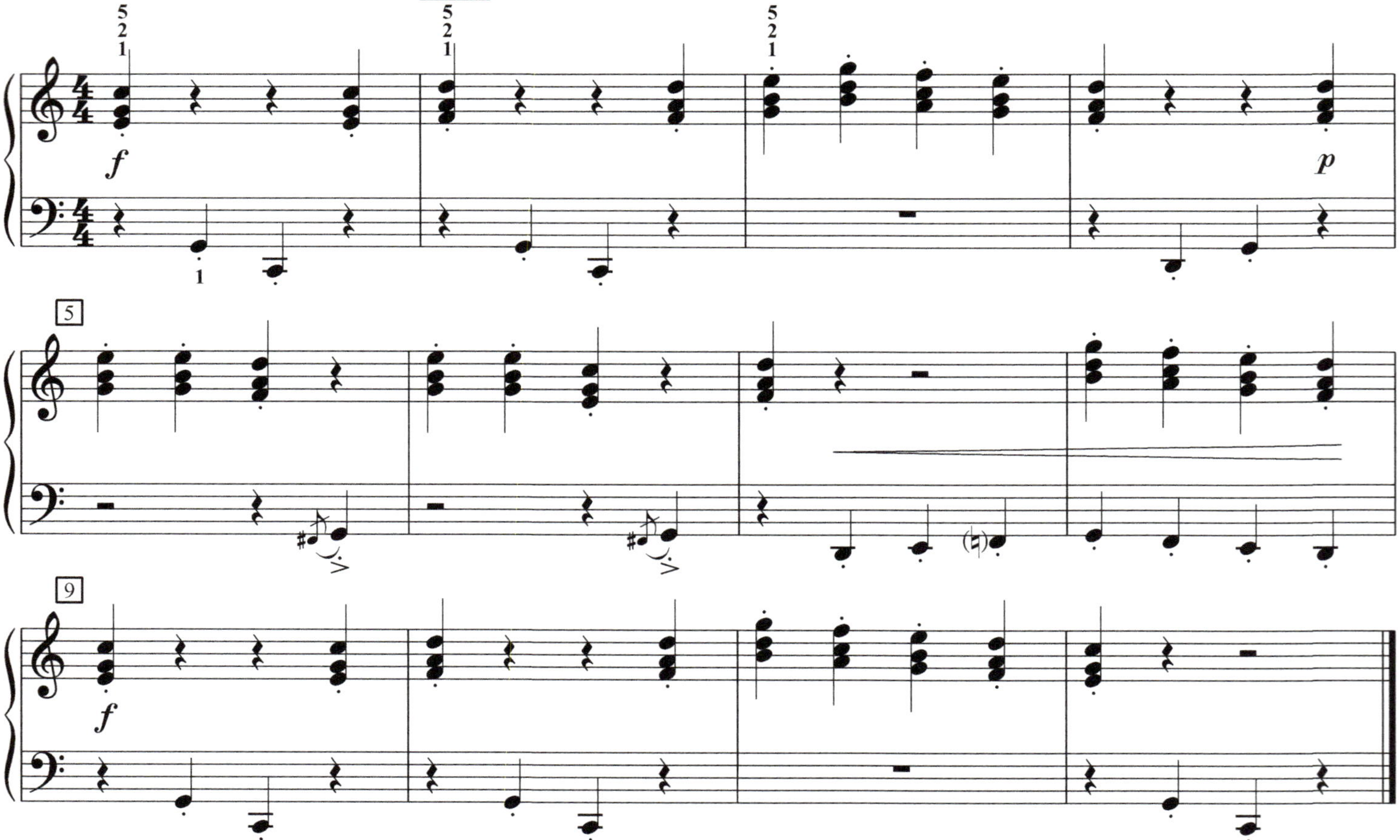

* *Dans le premier renversement de l'accord, on considère que l'intervalle de tierce est évident et qu'il n'est pas nécessaire de l'indiquer. La basse chiffrée est donc abrégée :* I_6, ii_6, iii_6, *etc.*

Deuxièmes renversements des accords de la tonalité de Do Majeur

Michael, Row The Boat Ashore

Simple et léger (♩ = 96) 49/50

Gospel
Arrangé par Fred Kern

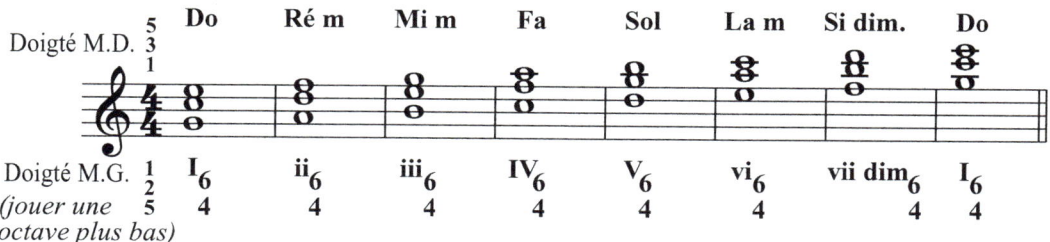

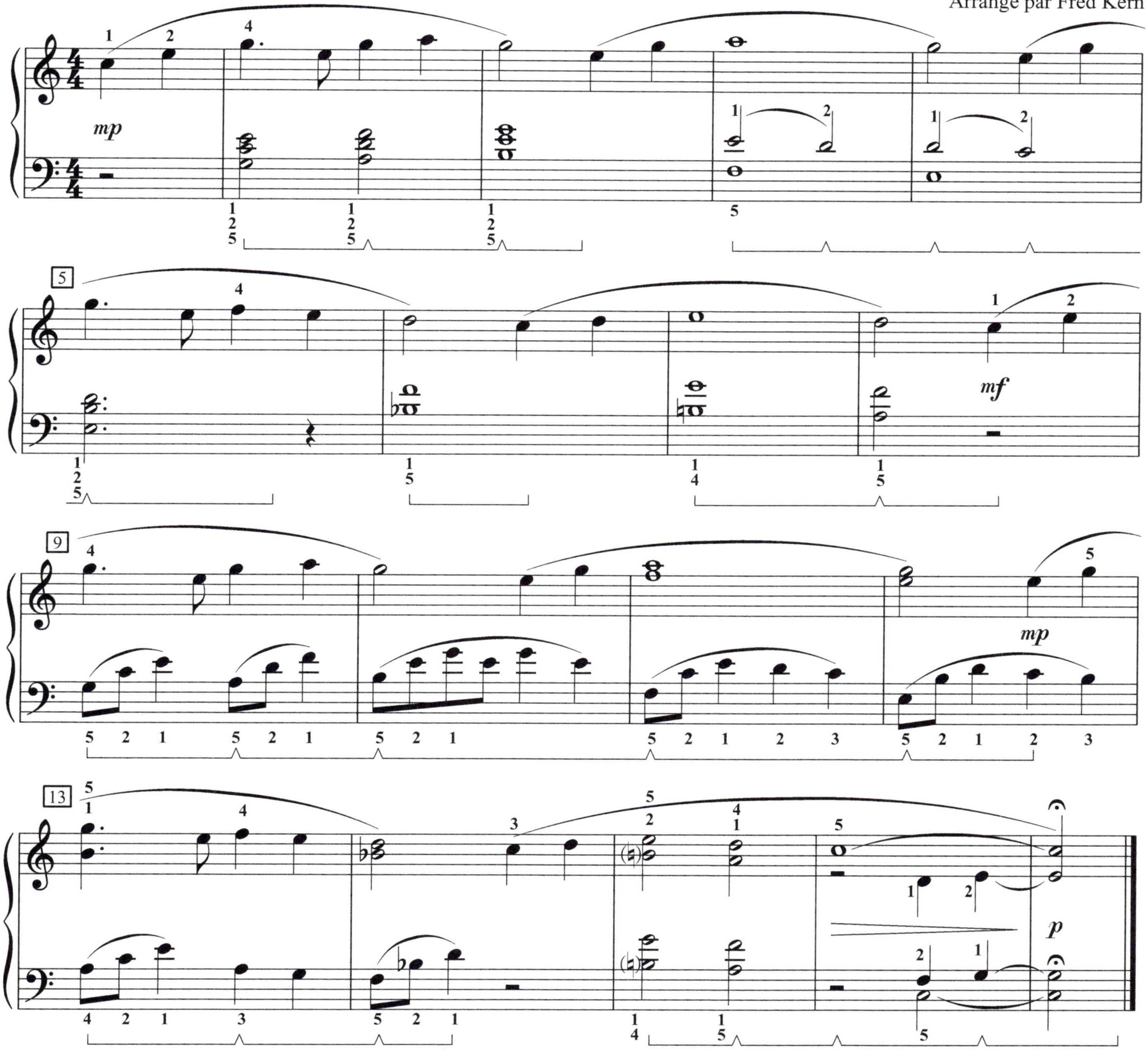

Exercice supplémentaire

Pour apprendre à jouer le premier et le deuxième renversement d'un accord dans les tonalités de **Sol**, **Fa** et **Ré Majeur**, reporte-toi à la page 54.

Romance en Si mineur

* *espressivo* signifie "avec expressivité, avec émotion"

subito signifie "soudainement, subitement"

Bethena

Scott Joplin
(1868-1917)
Arrangé par Fred Kern

CHAPITRE 5

LA GAMME DE SI♭ MAJEUR

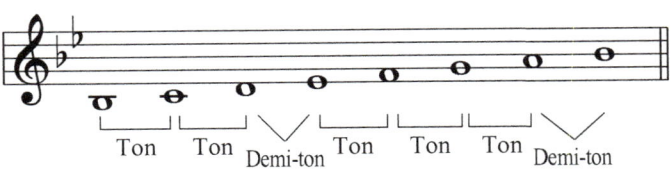

En **Si♭ Majeur**, les accords primaires sont :

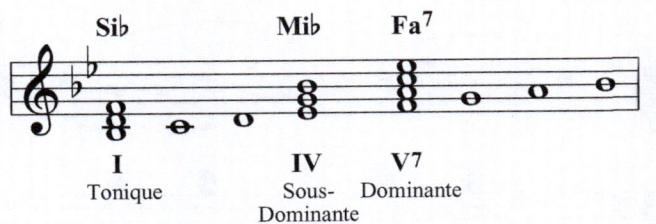

Monter et descendre

Tonalité : Si♭ Majeur
Armure : *2 bémols (Si♭, Mi♭)*

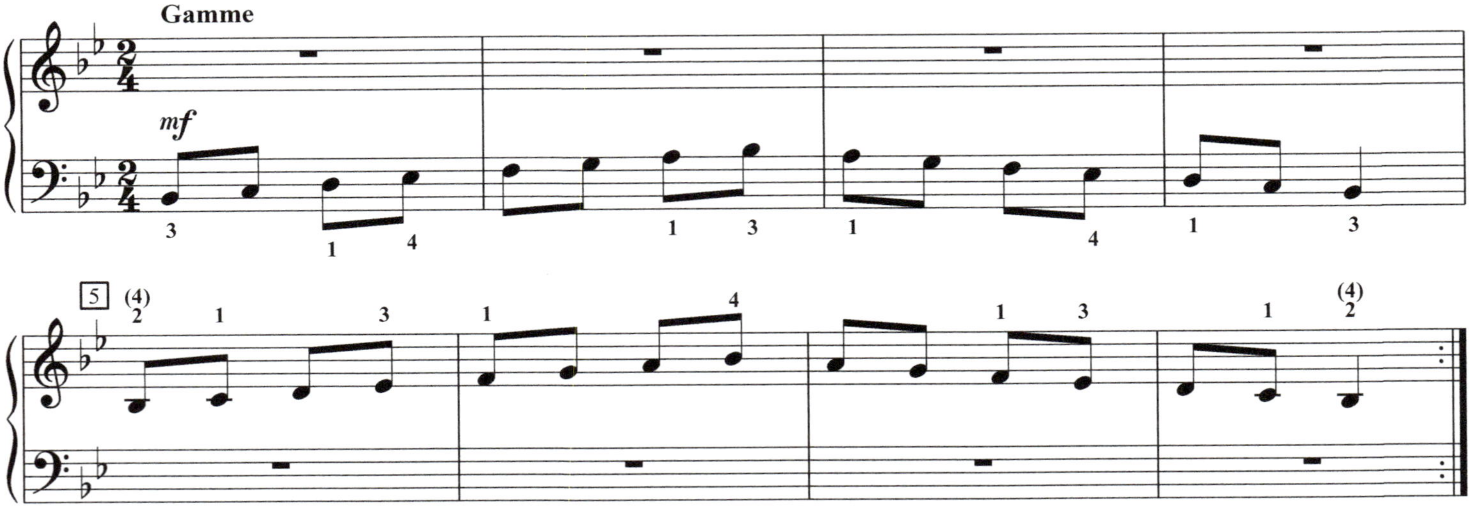

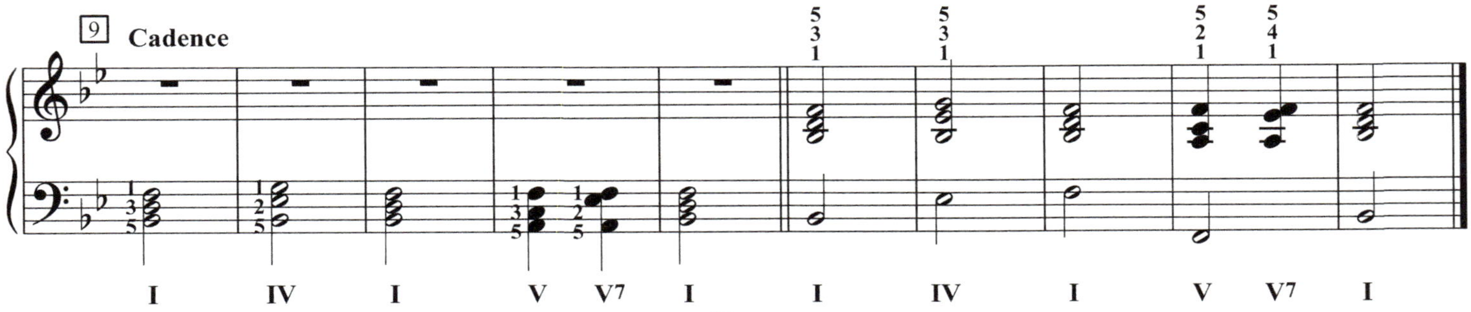

Accompagnement (l'élève joue deux octaves plus haut.)

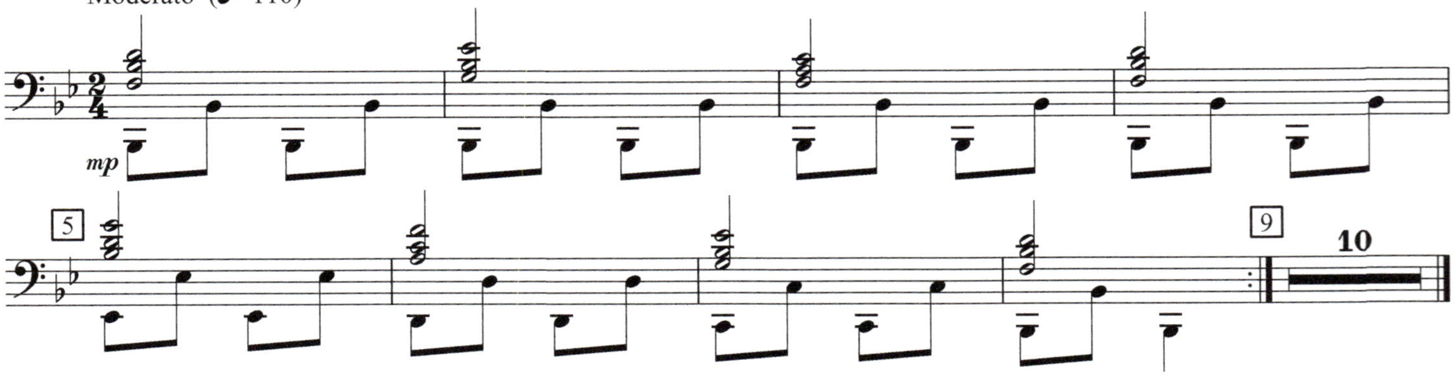

Exercice supplémentaire
Reporte-toi à la page 52 et joue la gamme et la cadence de **Ré Majeur.**

LA GAMME DE SOL MINEUR

Gamme mineure naturelle

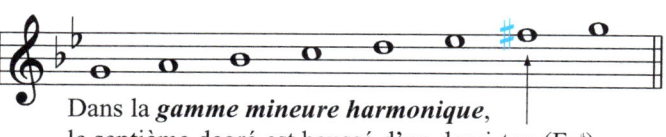

Dans la ***gamme mineure harmonique***, le septième degré est haussé d'un demi-ton (Fa♯).

En **Sol mineur,** les accords primaires sont :

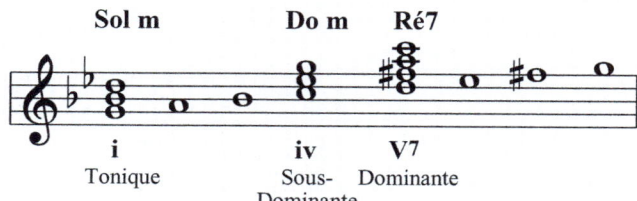

i — Tonique
iv — Sous-Dominante
V7 — Dominante

Monter et descendre

Tonalité : Sol mineur
Armure : *2 bémols (Si♭, Mi♭)*

Dans un premier temps, travaille la ***gamme mineure naturelle*** avec le Si♭ et le Mi♭ seulement.
À la reprise, joue la ***gamme mineure harmonique*** avec le 7ème degré haussé d'un demi-ton (Fa♯).

Accompagnement (l'élève joue deux octaves plus haut.) 57/58

Dans un premier temps, jouez la gamme mineure naturelle avec le Si♭ et le Mi♭ seulement. À la reprise, jouez la gamme mineure harmonique avec le 7ème degré haussé d'un demi-ton (Fa♯).

Exercice supplémentaire
Reporte-toi à la page 53 et joue la gamme et la cadence de **Si mineur**.

Ma chanson en Si♭ Majeur & Sol mineur

Improviser avec la forme A B A

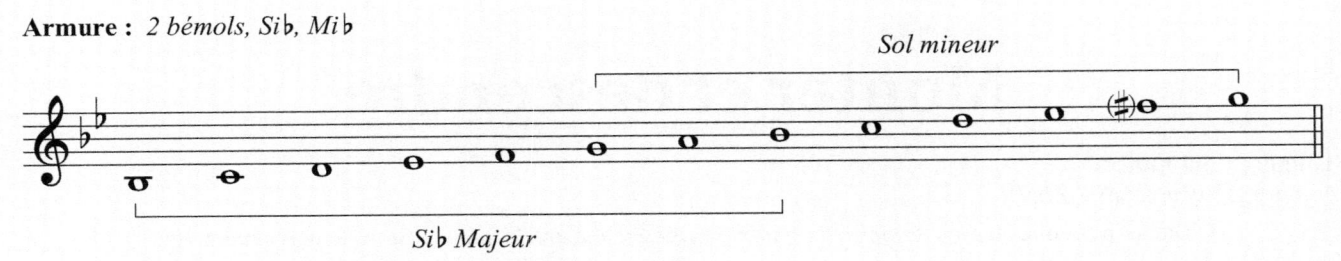

Improvise en utilisant la forme **A B A**.

1. **Partie A :** Joue tout d'abord la question de deux mesures donnée ci-dessous. Improvise plusieurs réponses *(parallèles, contrastantes* ou *libres)* en te servant des notes de la gamme de Si♭ Majeur.

2. **Partie B :** Joue ensuite le motif donné ci-dessous. Improvise plusieurs séquences en utilisant les notes de la gamme de Sol mineur harmonique.

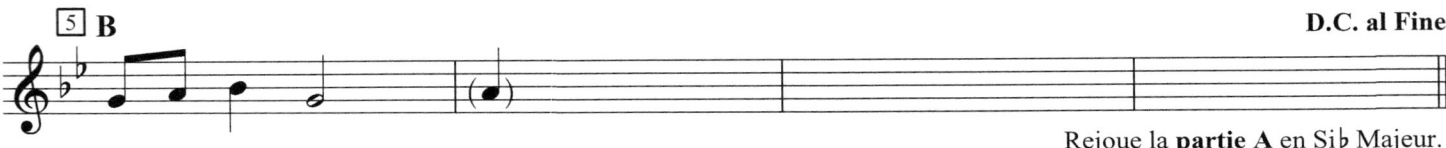

Rejoue la **partie A** en Si♭ Majeur.

Allegro

Allegro (♩=95) 60/61

Wolfgang Amadeus Mozart
(1756-1791)

Exercice supplémentaire
Reporte-toi à la page 52 et joue la gamme et la cadence de **Si♭ Majeur.**

Menuet en Sol mineur

Allegro moderato (♩=100)

Extrait du *Petit Livre* d'Anna Magdalena Bach

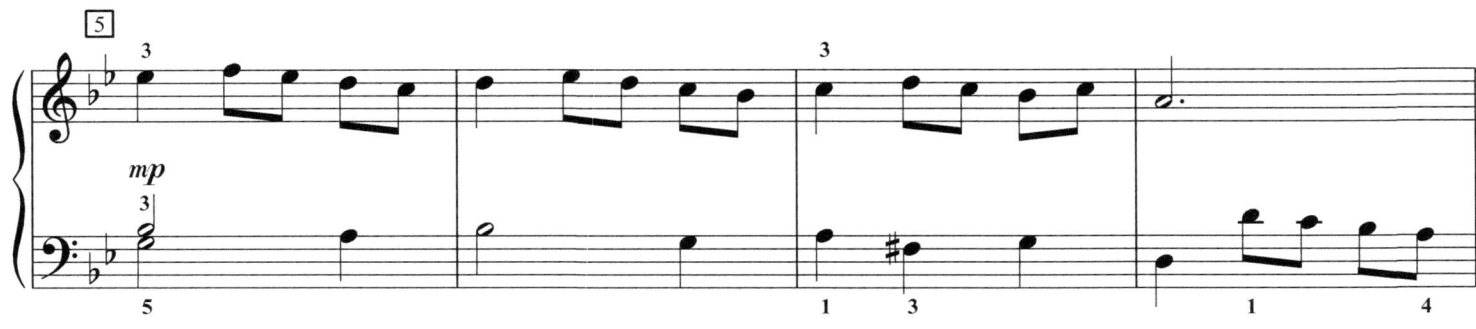

Exercice supplémentaire
Reporte-toi à la page 53 et joue la gamme et la cadence de **Sol mineur.**

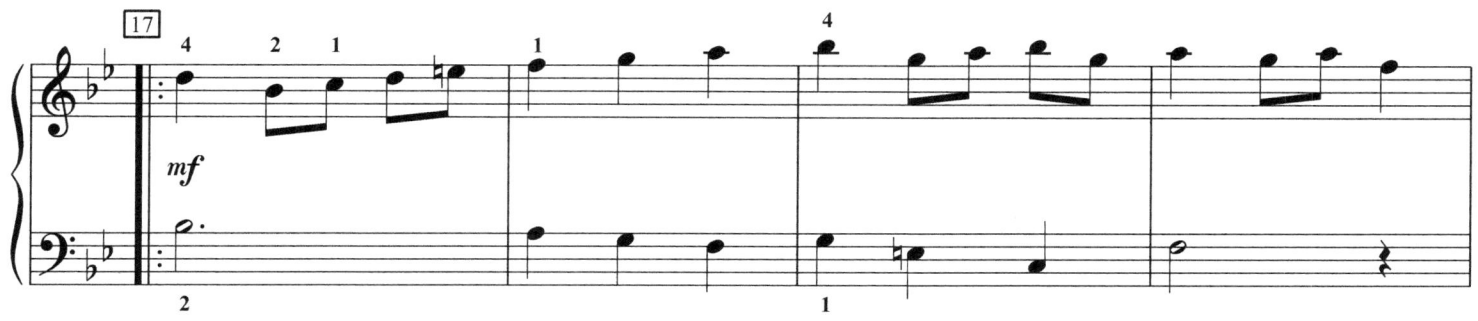
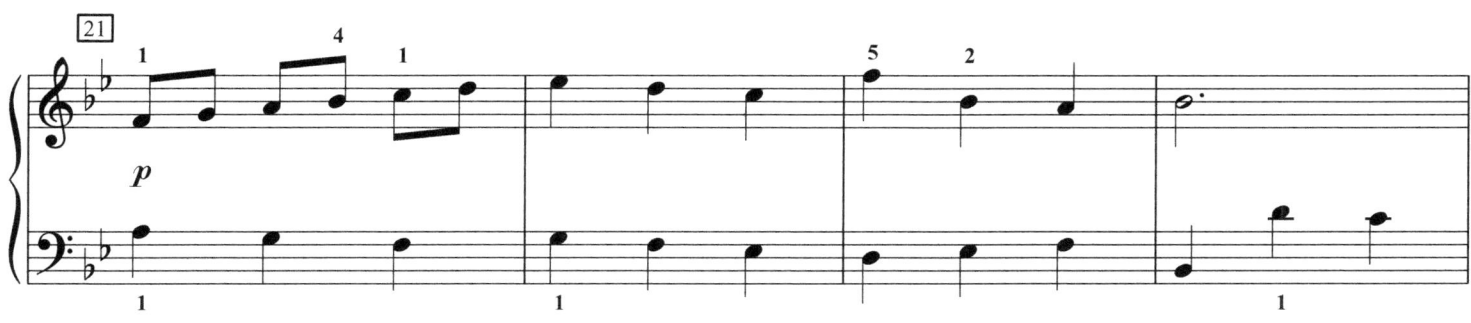
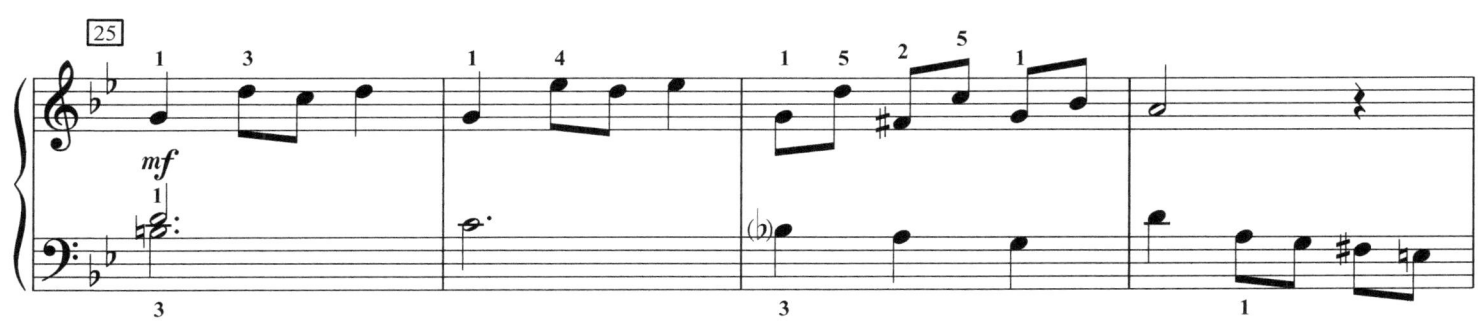

LA GAMME CHROMATIQUE

La gamme chromatique est une gamme entièrement composée de demi-tons. On peut jouer cette gamme en montant ou en descendant le clavier.

Le doigt 3 joue toutes les touches noires.
Les doigts 1 et 2 jouent les touches blanches.

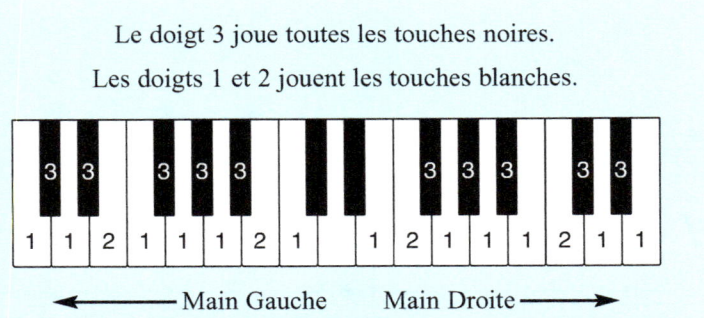

Le retour de l'inspecteur Duchien

Sournoisement (♩=128)

Phillip Keveren

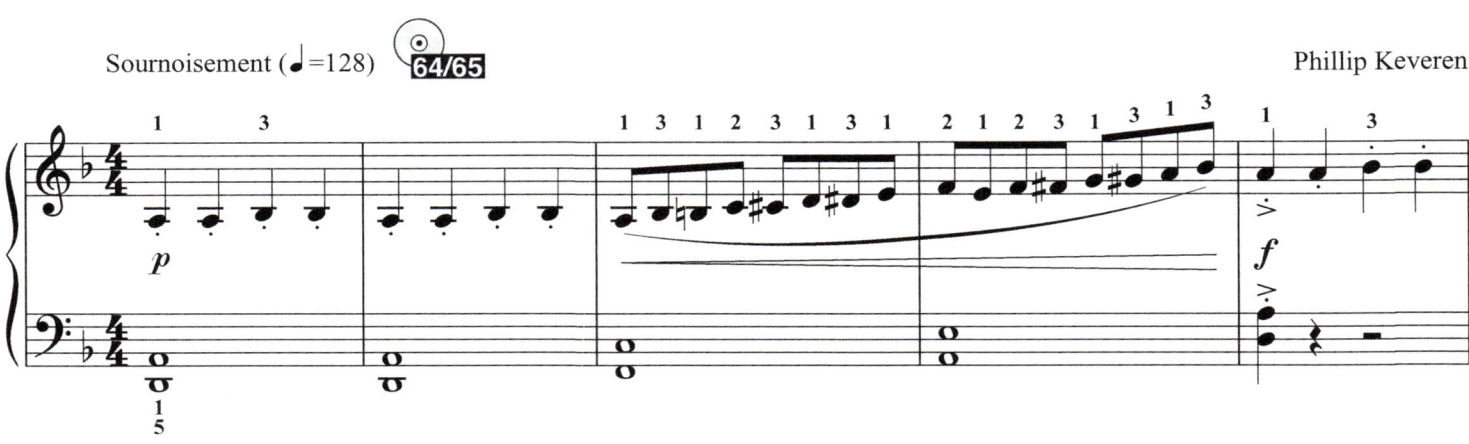

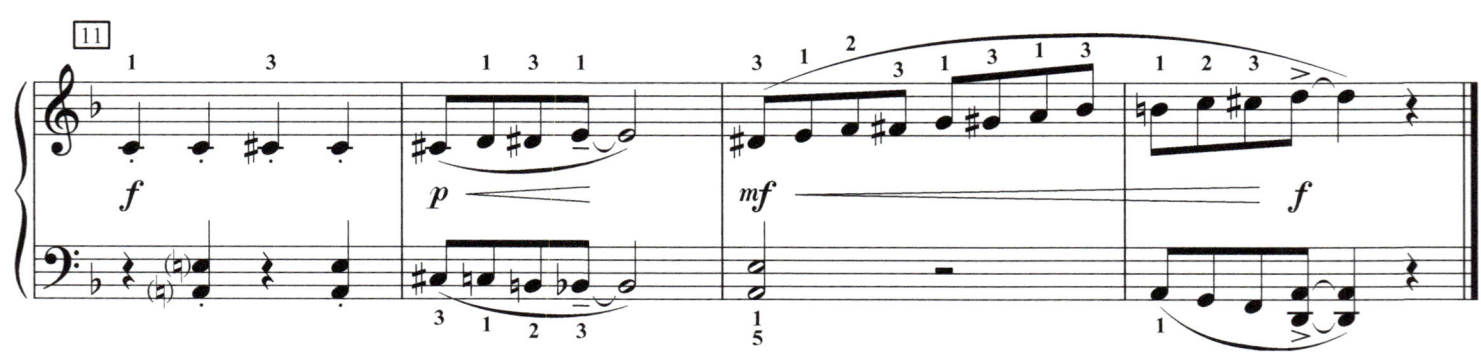

Prélude

Giuseppe Concone
(1801-1861)
Op. 37

* $\hat{p}$ – accent sforzando

Danse tzigane

Hugo Reinhold
(1854-1935)

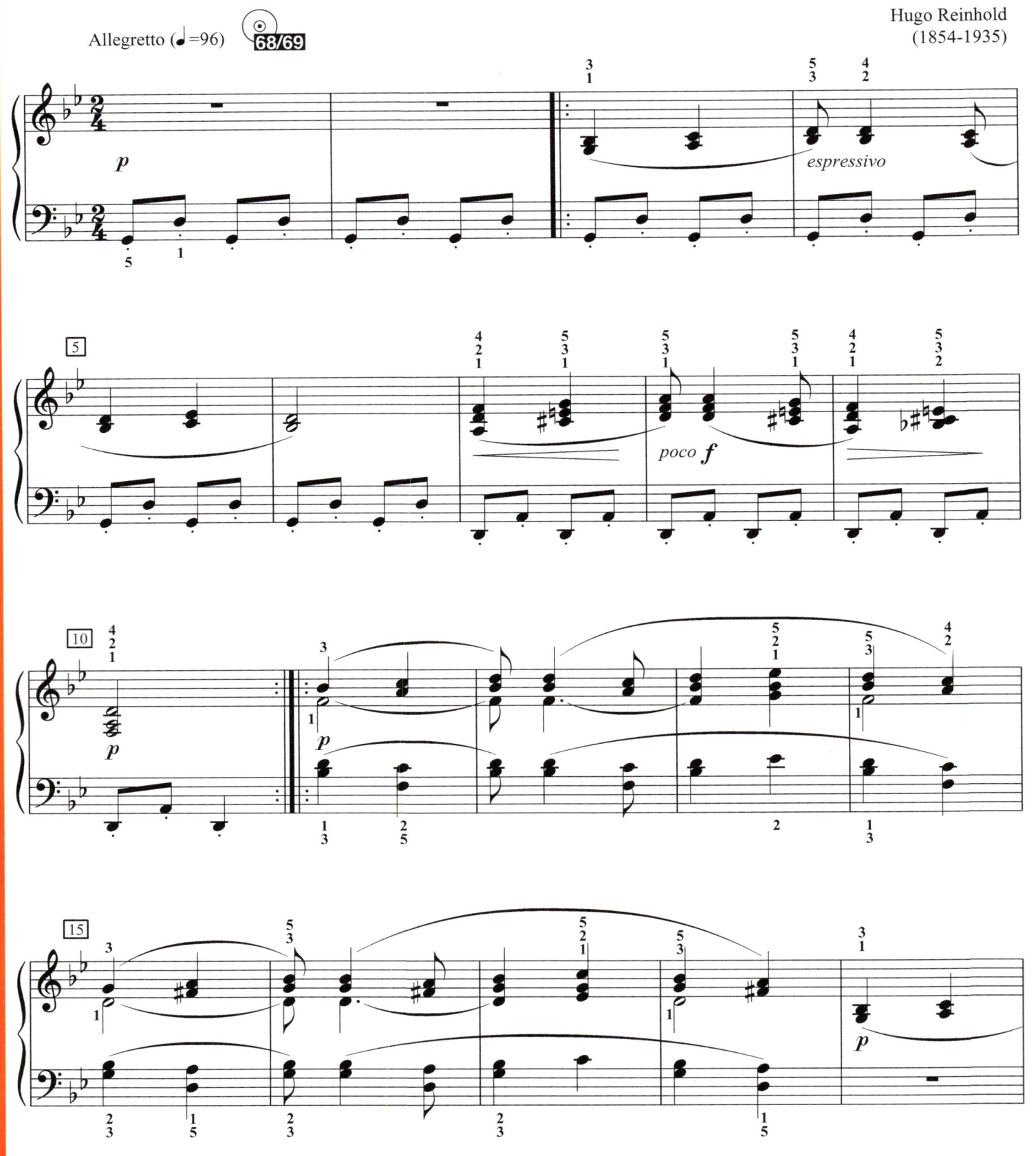

Exercice supplémentaire
Pour apprendre à jouer des accords dans la tonalité de **Si♭ Majeur** dans leur position fondamentale et leurs renversements, reporte-toi à la page 54.

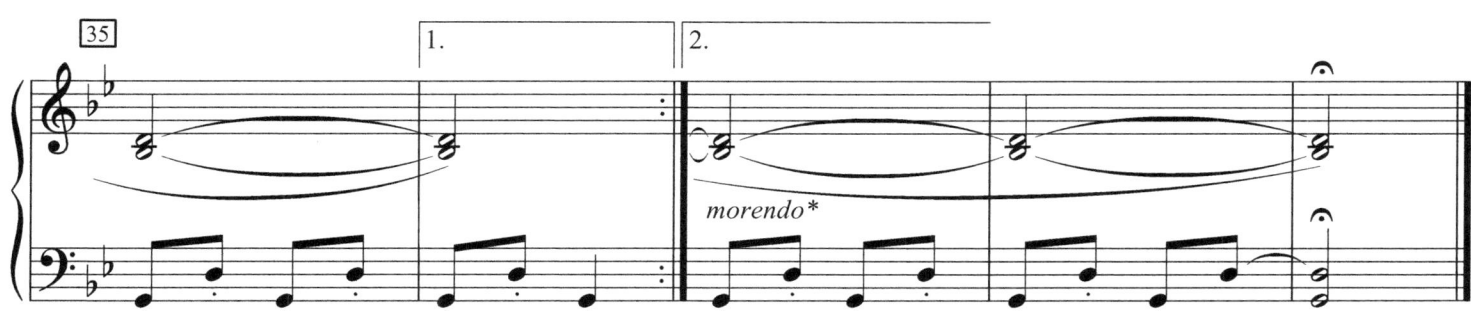

* *morendo* signifie qu'il faut laisser "mourir" le son.

Tout le monde a le blues

Bill Boyd

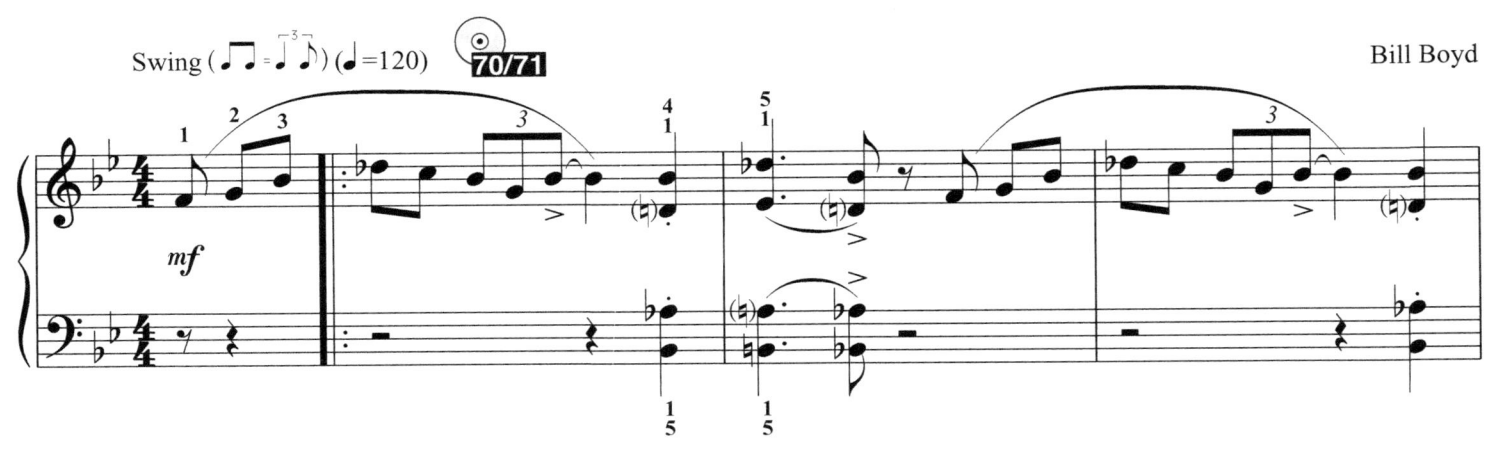
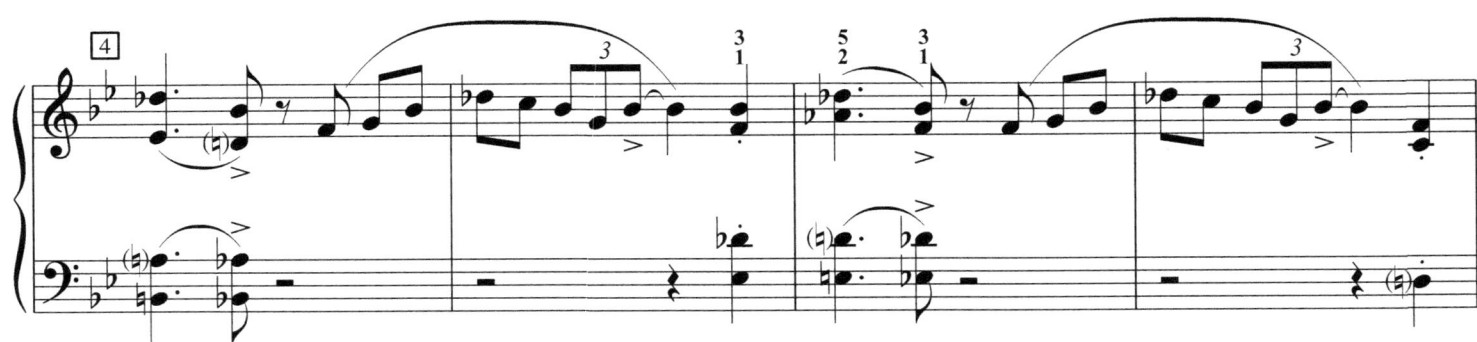
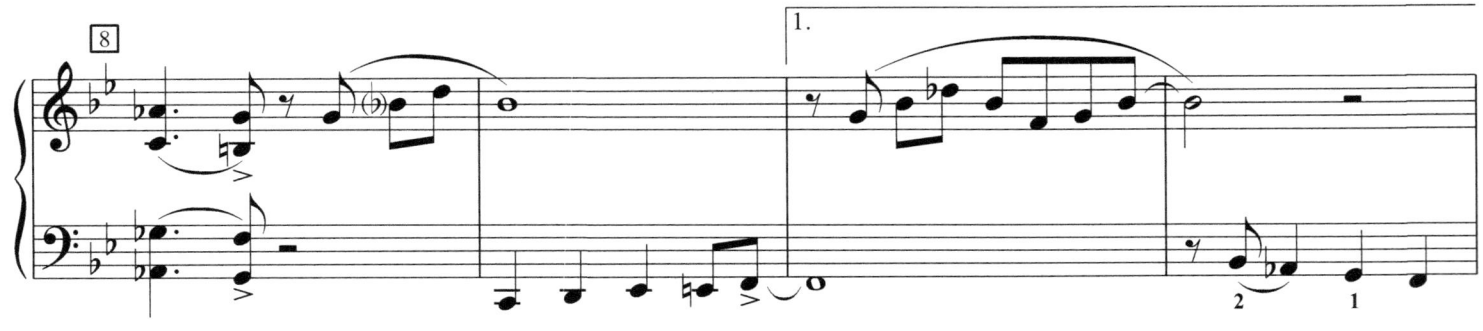
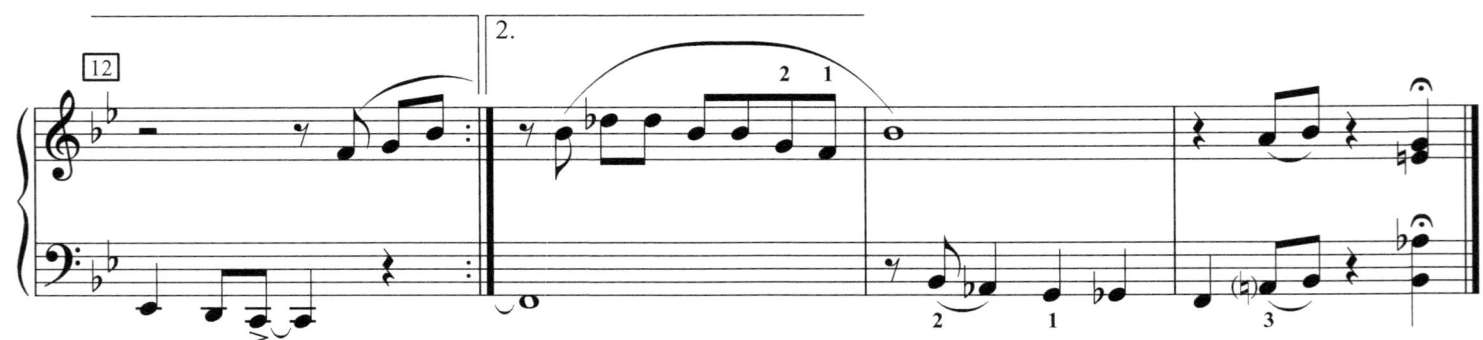

Allemande

Ludwig van Beethoven
(1770-1827)

Canon en Ré Majeur

Johann Pachelbel
(1653-1706)
Arrangé par Fred Kern

* *allargando* signifie "en élargissant le mouvement" (*ritardando* très ample)

LEXIQUE

Accelerando	En accélérant.	*Morendo*	En laissant mourir le son.
Accord primaire	Accord de trois sons construit sur le premier, quatrième ou cinquième degré d'une gamme.	**Motif**	Court schéma de notes qui se répète tout au long de la pièce.
Accord secondaire	Accord de trois sons construit sur le deuxième, troisième ou sixième degré d'une gamme.	*Pesante*	Pesant, lourd.
		Poco a poco	Peu à peu.
Allargando	En élargissant le mouvement (*ritard.* très ample).	*Portato*	Style de jeu qui se situe entre le *legato* et le *staccato*. Les notes sont légèrement détachées.
Appoggiature	Note d'agrément jouée rapidement avant la note principale devant laquelle elle est placée.	*Portamento*	Glissement sans à-coups d'une note à une autre.
Arabesque	Composition élégante et délicate ; de caractère arabe.	**Position fermée**	Lorsque les notes d'un accord sont toutes assez rapprochées les unes des autres et ne s'étendent pas au-delà d'une octave.
Augmenté	Intervalle augmenté d'un demi-ton.	**Position ouverte**	Lorsqu'une ou plusieurs notes de l'accord sont à l'octave supérieure ou inférieure.
Canon	Composition dans laquelle toutes les voix répètent la même mélodie en débutant à des temps différents.	**Renversement**	Accord dans lequel la note de basse ne correspond pas à la note fondamentale.
Chromatique	Progression par demi-tons.	*Scherzando*	En badinant.
Diminué	Intervalle diminué d'un demi-ton.	**Séquence**	Répétition d'un même schéma de notes sur différentes hauteurs de sons.
Dolce	Doux.		
Espressivo	Avec expressivité, avec émotion.	*Sforzando* = *sfz*	Indique qu'il faut renforcer le son sur une seule note.
Grazioso	Gracieux.		
Leggiero	Léger.	*Subito*	Soudainement, subitement.
Marcato	Marqué, note martelée.	*Tempo primo*	Retour au tempo initial.
Menuet	Danse à trois temps (généralement en $\frac{3}{4}$) apparue vers 1660 comme danse de salon à la cour de France.	**Tonalité**	Le centre tonal déterminé par la tonique (1er degré) de la gamme.

QUELQUES GRANDS MAÎTRES DE LA MUSIQUE

présents dans ce cinquième volume

PÉRIODE

Baroque 1600

François Couperin (1626-1661)
Compositeur baroque français.

Johann Pachelbel (1653-1706)
Organiste et compositeur allemand de la période baroque. Il a écrit de nombreuses pièces pour orgue mais doit sa notoriété au *Canon en Ré Majeur pour Cordes*.

Georg Philipp Telemann (1681-1767)
Compositeur allemand représentant par excellence le style galant. Ses œuvres annoncent également le futur classicisme. Telemann est le compositeur le plus prolifique de l'histoire de la musique : des centaines d'œuvres sacrées, des dizaines d'opéras, des concertos, des sonates.

Classique 1750

Wolfgang Amadeus Mozart (1756-1791)
Compositeur classique viennois. Très jeune, Mozart manifeste des dons exceptionnels pour la musique. Il commence à composer à l'âge de cinq ans.

Ludwig van Beethoven (1770-1827)
Compositeur et pianiste allemand. Sa musique est empreinte à la fois de classicisme et de romantisme. Parmi ses œuvres, on compte 9 symphonies, 32 sonates et 5 concertos pour piano. Durant les dernières années de sa vie, Beethoven a continué de composer tout en étant atteint d'une surdité profonde.

Giuseppe Concone (1801-1861)
Compositeur classique italien.

Romantique 1820

Fredrich Burgmüller (1806-1874)
Compositeur romantique allemand. Il a essentiellement écrit des études pour piano.

Hugo Reinhold (1854-1935)
Compositeur romantique allemand.

Vladimir Rebikov (1866-1920)
Compositeur contemporain russe.

CONTEMPORAINE

Scott Joplin (1868-1917)
Compositeur américain surnommé le "Roi du Ragtime".

Samuel Maykapar (1867-1938)
Compositeur contemporain russe.

Gammes Majeures et Cadences

Joue chaque gamme :
- *mains séparées.*
- dans un *mouvement contraire* – les mains débutent sur la même note (la tonique) mais partent dans des directions opposées.
- dans un *mouvement parallèle* – joue la gamme telle qu'elle est écrite, mains ensemble.

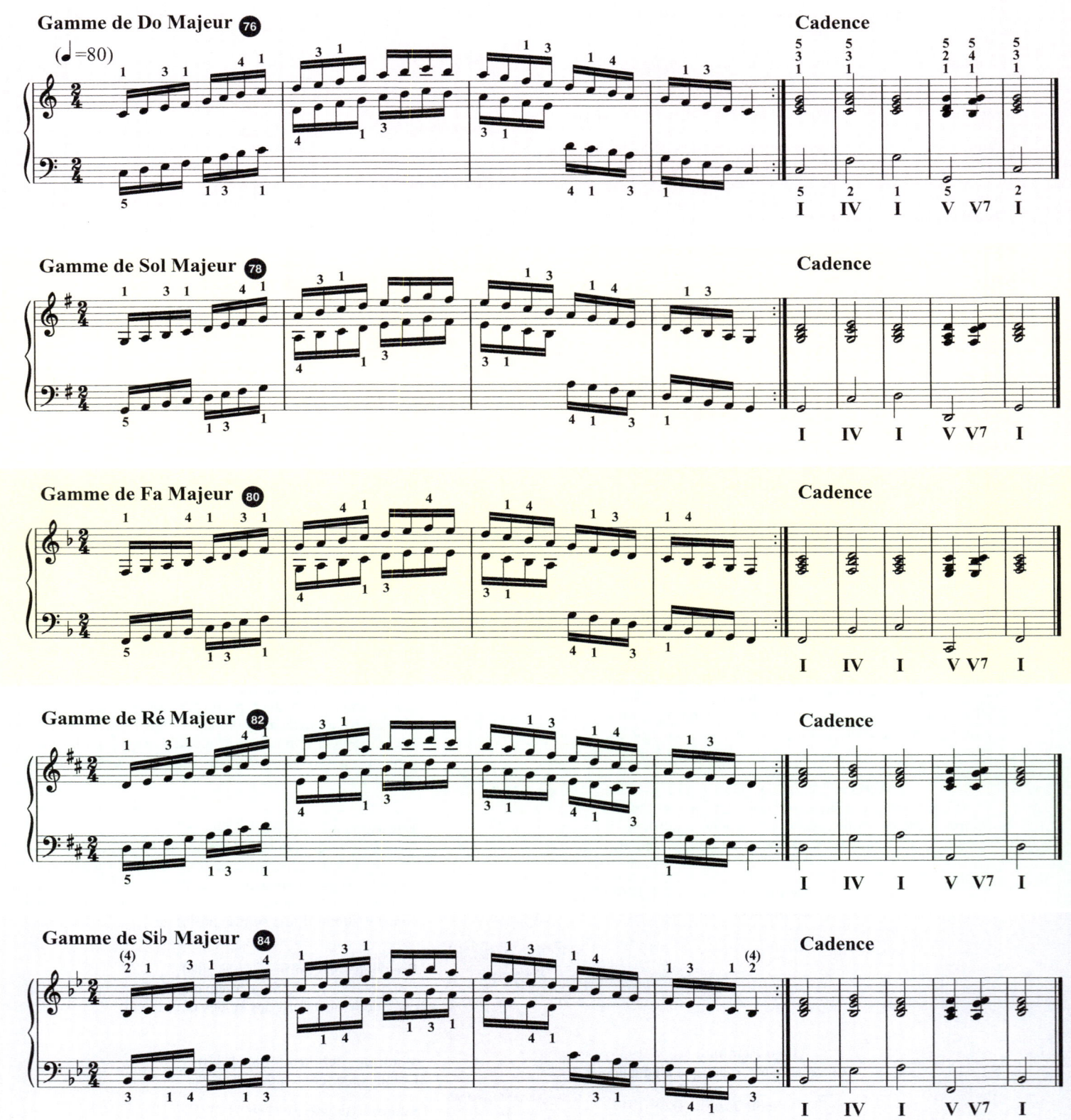

Gammes mineures et Cadences

Joue chaque gamme :
- *mains séparées*.
- dans un *mouvement contraire* : les mains débutent sur la même note (la tonique) mais partent dans des directions opposées.
- dans un *mouvement parallèle* : joue la gamme telle qu'elle est écrite, mains ensemble.

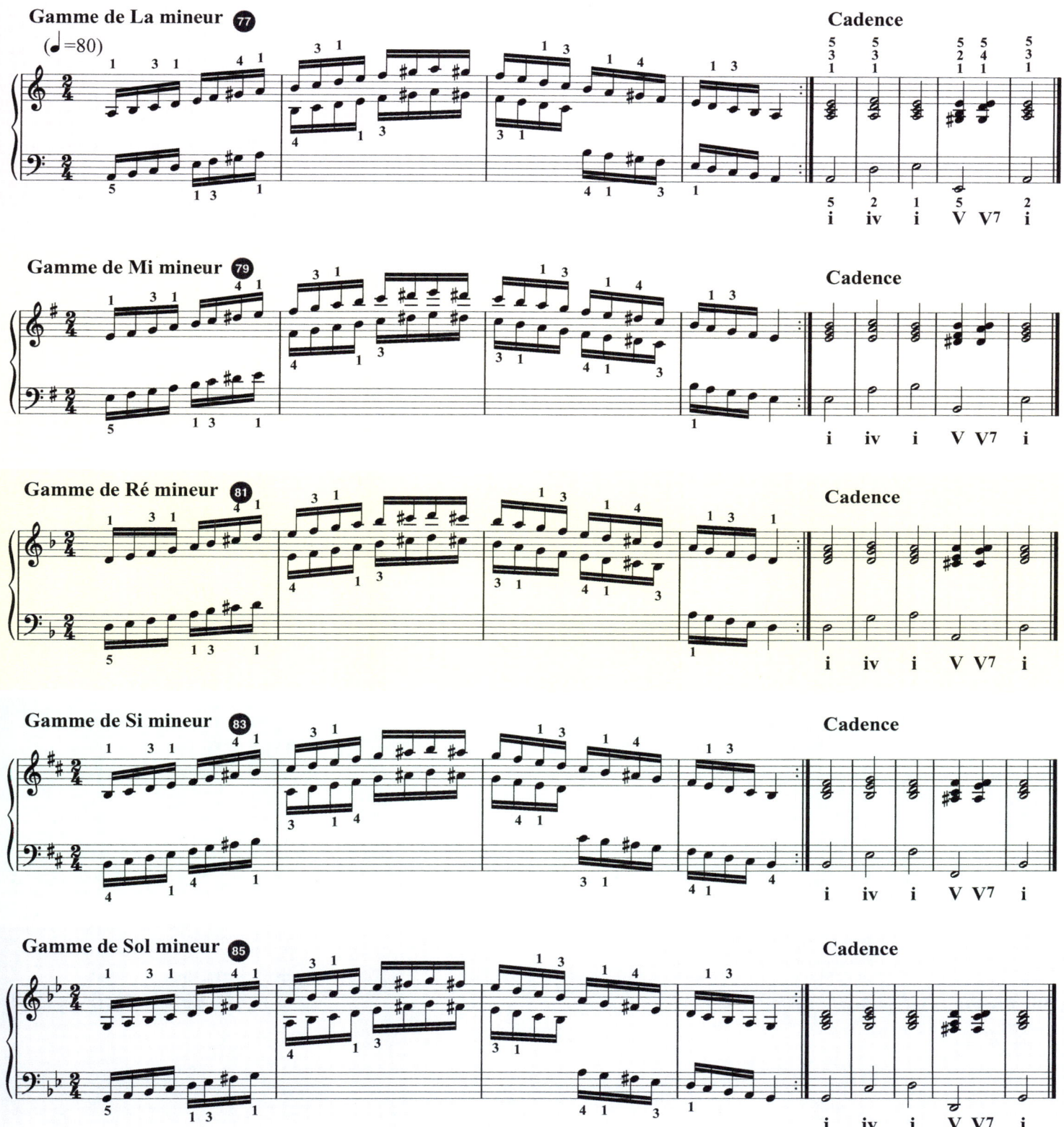

Accords des tonalités Majeures

État fondamental, premier et deuxième renversements

Observe et mémorise les doigtés de chaque main pour jouer un accord :

	État fondamental	1er renversement	2ème renversement
M.D.	5 3 1	5 2 1	5 3 1
M.G.	1 3 5	1 3 5	1 2 5

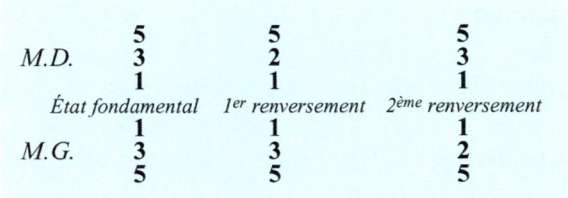

Do Majeur

(♩=110)

86

etc. = continuer avec les autres notes de la gamme

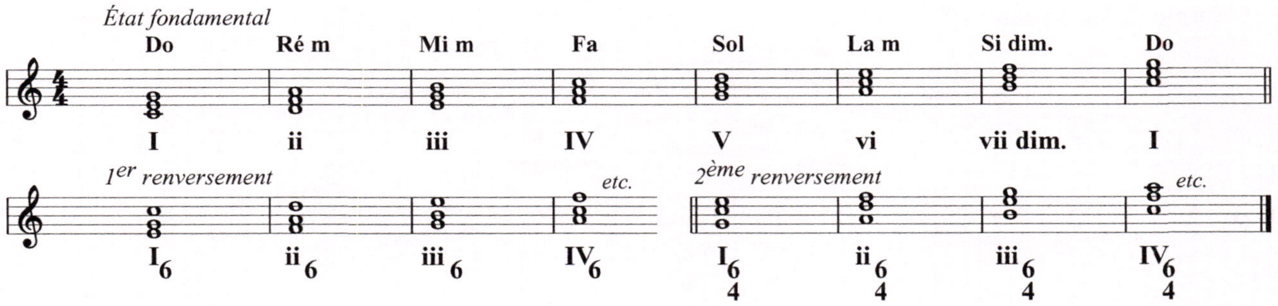

État fondamental
Do Ré m Mi m Fa Sol La m Si dim. Do
I ii iii IV V vi vii dim. I
1er renversement
etc.
2ème renversement
etc.
I6 ii6 iii6 IV6
I6 4 ii6 4 iii6 4 IV6 4

Sol Majeur

87

État fondamental
Sol La m Si m Do Ré Mi m Fa♯ dim. Sol
1er renversement
etc.
2ème renversement
etc.

Fa Majeur

88

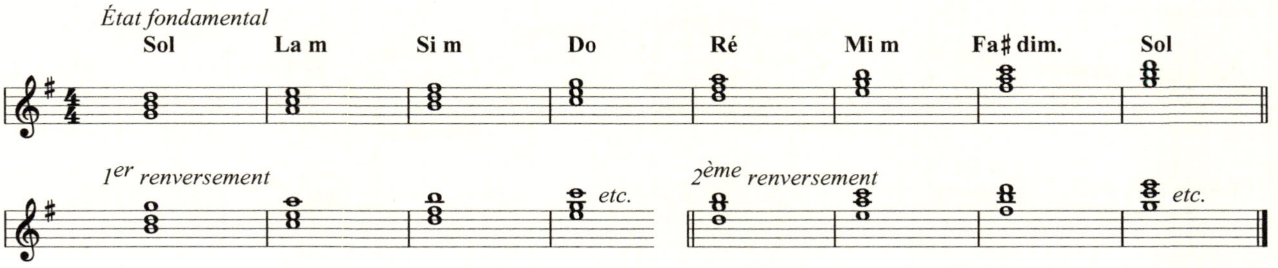

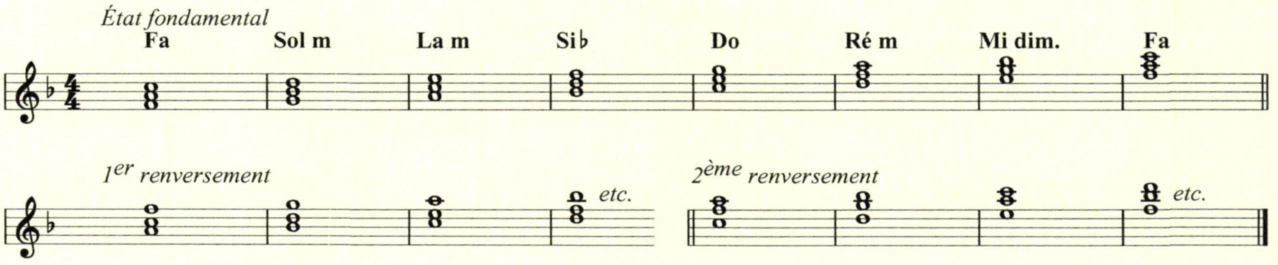

État fondamental
Fa Sol m La m Si♭ Do Ré m Mi dim. Fa
1er renversement
etc.
2ème renversement
etc.

Ré Majeur

89

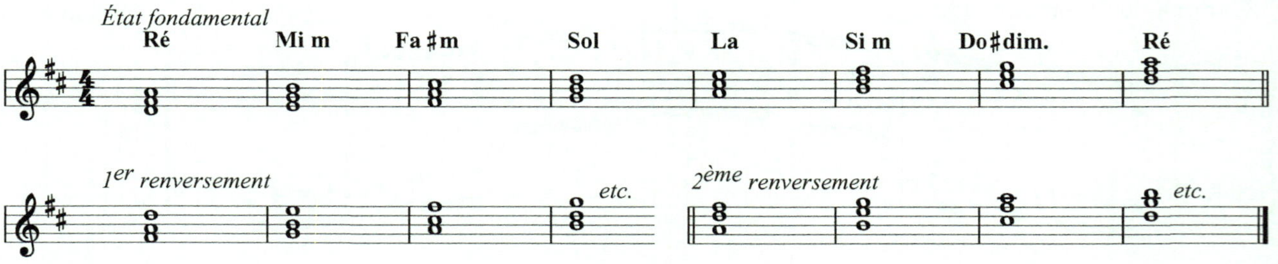

État fondamental
Ré Mi m Fa♯m Sol La Si m Do♯dim. Ré
1er renversement
etc.
2ème renversement
etc.

Si♭ Majeur

90

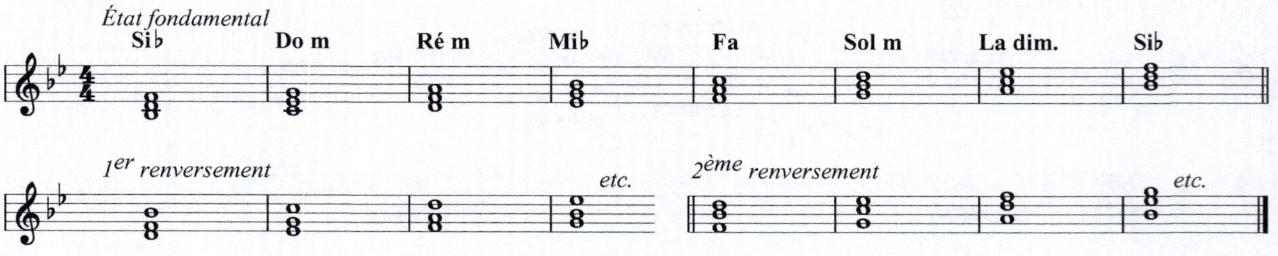

État fondamental
Si♭ Do m Ré m Mi♭ Fa Sol m La dim. Si♭
1er renversement
etc.
2ème renversement
etc.

Accords des tonalités Majeures
Accords en position ouverte